**Werner Kröger**

# Anstöße

Werner Kröger

# Anstöße

## damit unser Leben in Bewegung kommt

Fromm Verlag

**Imprint**



Publisher:
Fromm Verlag
is a trademark of
International Book Market Service Ltd., member of OmniScriptum Publishing Group
17 Meldrum Street, Beau Bassin 71504, Mauritius

Printed at: see last page
**ISBN: 978-620-2-44275-6**

# *Anstöße*

Wer in Bewegung oder vorwärtskommen möchte, benötigt hin und wieder einen Anstoß.
Das ist nicht nur beim Fußball so, sondern auch bei denen, die im Leben nicht auf dem selben Fleck stehen bleiben wollen.
Anstöße sind nicht bequem, sondern eben anstößig. Manchmal eckig und kantig, dabei immer herausfordernd.
Anstöße, die ins Nachdenken und Überdenken bringen, vor Entscheidungen stellen und zu Veränderungen einladen.
Dabei gehen diese 113 Anstöße von konkreten Bibelworten aus und stellen so den Glauben an Gott ins Zentrum.

Werner Kröger

Eine Erinnerung an die zahlreichen Morgen,
die wir gemeinsam als Familie am Frühstückstisch verbracht haben! Ihr habt uns mit Gebeten, fürsorglicher Liebe und wertvollen Gedanken in unseren Alltag geschickt. Einige dieser Anstöße, mit denen oftmals du, lieber Papa, uns ermutigt und in den Tag geschickt hast, sind hier von dir festgehalten. Für diesen Schatz werden wir euch immer dankbar sein!

Deine Töchter Clarissa, Marita, Alisa, Laura und Dein Sohn Marwin

# *1 Anfang*

*Am Anfang schuf Gott Himmel und Erde. 1.Mose 1,1*

Mit diesem Satz fängt die Bibel an. Es gibt tatsächlich einen Anfang! Und in diesem Anfang ist von Gott die Rede und von dem, was er geschaffen hat. Wir sehen Gott, nicht als eine schöne Statue, die unsere Bewunderung auf sich lenkt, sondern höchst aktiv, lebendig und kreativ. Natürlich hätte ich auch gern gewusst, was Gott vorher so gemacht hat und woher Gott überhaupt kommt. Martin Luther sagte dazu ironisch, dass Gott da Ruten geschnitzt habe, für alle, die so neugierig fragen. Also lasse ich es doch bleiben - wahrscheinlich würde ich es sowieso nicht verstehen.
Stattdessen freue ich mich lieber, dass unsere Erde und der Himmel von Gott selbst kommen. Zum Glück, denn sonst müsste ich mir auch noch, wie so viele andere, irgendeine Theorie dafür beschaffen. Gott, der aus dem Nichts heraus etwas so Großartiges wie unsere Welt, den Kosmos, schaffen kann, ist mir da doch lieber als eine Theorie, bei der am Anfang ein riesiger Knall, der sogenannte Urknall steht.
Am Anfang steht Gott. Nicht ein Engel, der Teufel oder der Mensch. Gott selbst hat die Welt gewollt, entworfen und gemacht. Bei ihm hat alles seinen Ursprung und von daher auch seinen Sinn und sein Ziel. Da ist nicht nur Materie, Gott steht dahinter, er steht dazu.
Unser Satz am Anfang der Bibel sagt nicht, wer Gott ist. Er sagt, was er gemacht hat. Himmel und Erde sind eine Art Visitenkarte Gottes. Deshalb argumentiert Paulus in Römer 1,20 folgendermaßen: „Denn Gottes unsichtbares Wesen, das ist seine ewige Kraft und Gottheit, wird seit der Schöpfung der Welt ersehen aus seinen Werken, wenn man sie wahrnimmt, so dass die Menschen keine Entschuldigung haben."
Ich will meine Augen weit offenhalten und über Gott und seine Werke staunen.

# 2 Licht

*Und die Erde war wüst und leer, und es war finster auf der Tiefe; und der Geist Gottes schwebte auf dem Wasser. Und Gott sprach: Es werde Licht! Und es ward Licht. 1.Mose 1,2+3*

Also, damals hätte ich nicht auf der Erde leben wollen. Es war alles noch wüst, leer und finster – eigentlich zum Davonlaufen. Aber Gott ist da, sein Geist schwebt über den Wassern. Ich habe gehört, man könne auch sagen: Sein Geist brütete über dem Wasser, wie ein Vogel Eier

ausbrütet. Und Gott spricht ins Dunkle hinein: Es werde Licht! Und tatsächlich, es wurde hell. So mächtig ist Gott. Er spricht und es passiert. Mach erst mal Licht an, sagen wir, wenn wir einen dunklen Raum betreten. Und so hat Gott es mit dieser Welt gemacht. Wüst und leer und finster! So sieht es auch im Herzen vieler Menschen aus. Vielleicht fühlst du dich auch so. Dann denke heute daran: Gottes Geist ist auch bei dir schon am Wirken! Meine Finsternis ist für ihn kein Problem. Lass ihn hineinsprechen in dein Herz, und es wird hell. Licht bedeutet Orientierung, Wärme und Geborgenheit. Das alles gibt es bei Gott. Er spricht. Sein letztes Wort ist Jesus, sein Sohn. Dieser sagte von sich: Ich bin das Licht der Welt. Wer mir nachfolgt, wird nicht wandeln in der Finsternis, sondern das Licht des Lebens haben.
Herrscht bei mir noch das Chaos, wie am Anfang dieser Welt, oder regiert Gottes Licht in meinem Herzen?
Frage: Was ist stärker, Licht oder Finsternis? Zur Klärung führe ich ein Experiment durch: Zwei Räume – getrennt durch eine Tür. Der eine Raum ist total dunkel, der andere ist voller Licht. Jetzt öffne ich die Tür. Welcher Raum verändert sich? Wird der Helle dunkler oder der Dunkle heller? Natürlich das Zweite! Fazit: Licht ist stärker als Finsternis! Und Licht ist nicht Mangel an Finsternis, sondern Finsternis ist Mangel an Licht. Somit ist Licht das Eigentliche, es kommt von Gott und darin liegt unsere Chance auf Veränderung.
Gibt es bei dir eine Tür im Leben, die du für Gott öffnen kannst, damit es hell wird, wieder hell wird in deinem Herzen – in allen Räumen deines „Lebenshauses“? Und wäre heute nicht ein guter Tag, Gottes Licht herein zu lassen?

## 3 Menschen

*Und Gott sprach: Lasset uns Menschen machen; ein Bild, das uns gleich sei, die da herrschen über die Fische im Meer und über die Vögel unter dem Himmel und über das Vieh und über alle Tiere des Feldes und über alles Gewürm, das auf Erden kriecht. 1.Mose 1,26*

Made in heaven – created by God!
Am 6.Schöpfungstag steuert Gott den Gipfel seiner Erfindungen an – er macht Menschen. Als Vorlage für uns nimmt er keinen Affen aus dem Urwald, kein Modell aus dem Glanzkatalog, sondern sich selbst. Gott schuf den Menschen nach seinem Bild. Stell dir vor, du bist nicht nur deinen Eltern ähnlich, sondern auch Gott. Ebenbild Gottes! Nicht nur die Männer, genauso auch die Frauen. Zwei Geschlechter – so hat er es gemacht. Wunderbar! Gottes Art und seine Fähigkeiten kommen bei uns

zum Ausdruck. Wir sind seine Repräsentanten in dieser Welt. Seine Herrlichkeit soll durch und in uns aufleuchten.
Leider ist da, wie wir immer wieder bitter erfahren, so ziemlich alles zerbrochen. Paulus schreibt in Römer 3,23: „Wir haben alle die Herrlichkeit verloren, die wir vor Gott haben sollten.“. Der Mensch ist Abbild der Sünde geworden. Gekennzeichnet von Neid, Hass und Lüge. Die Spuren Gottes sind nur mühsam in seinem Leben wiederzufinden. Ich frage mich, gibt es nicht einen Rückwärtsgang? Einen Weg zurück zu Gott und seiner Herrlichkeit? Doch, den gibt es! Gott hat seinen Sohn hinterhergeschickt. Von Jesus heißt es in Johannes 1: „Wir sahen seine Herrlichkeit, eine Herrlichkeit, als des Eingeborenen Sohnes vom Vater.“ Bei Jesus ist die Herrlichkeit des Vaters, die wir verloren haben. Er bringt sie zurück in diese Welt, zurück zu uns.
Wenn ich Jesus vertraue und an ihn glaube gilt mir, was Paulus in Römer 8,29 schreibt: „Denn die er ausersehen hat, die hat er auch vorherbestimmt, dass sie gleich sein sollten dem Bild seines Sohnes, damit dieser der Erstgeborene sei unter vielen Brüdern.“
Ich muss heute nicht beweisen, wie ein Leben ohne Gott aussieht. Ich bin nicht dazu bestimmt die Sünde zu repräsentieren. Weil Jesus bei mir zuhause ist, kann durch mich Gottes Charakter und ein Stück Herrlichkeit sichtbar werden.

## 4 Beachtenswert

*Und Gott sah an alles, was er gemacht hatte, und siehe, es war sehr gut. 1. Mose 1,30*

Gott gibt sich selbst eine Eins, sehr gut! Alles was er gemacht hat, passt, ist harmonisch und funktioniert. Hieß es am Anfang noch: wüst und leer, Tohuwabohu, Chaos, Messi, steht am Ende der Schöpfungstage, o Wunder, eine Eins drunter. Da frage ich mich, wie hat Gott das geschafft? Wie konnte aus dem Chaos und Messi-sein Leben werden, erfüllendes, harmonisches Leben?
Eine der Methoden Gottes lautet: Polarisierung. Gott scheidet, er trennt und schafft so Gegensätze, die sich zwar anziehen und deshalb eine positive Energie erzeugen, aber doch nicht vertauscht oder vermengt werden dürfen. Gott scheidet Tag und Nacht, Licht und Finsternis. Er trennt Wasser und Land, oben und unten. Er schafft zwei Geschlechter, Mann und Frau. Und er trennt den einen Tag, den siebten von den anderen sechs Tagen. Wer nun Gottes Gegensätze umkehrt, aufhebt, erlebt Schöpfung rückwärts. Statt sehr gut wieder Tohuwabohu, Chaos, Messi. Wer willkürlich den Tag zur Nacht und die Nacht zum Tage macht, tut sich damit nichts Gutes. Wenn das Meer über die Ufer

schwappt, oder denken wir an einen Tsunami, entsteht Chaos. Wer die große Gleichmacherei betreibt und nicht mehr weiß, dass Mann und Frau verschieden sind, sich ergänzen, überfordert die Geschlechter und hinterlässt gähnende Langeweile, da bleibt der Funke aus. Und wer meint, nonstop durchpowern zu müssen und keinen Ruhetag kennt, brennt irgendwann aus und ruiniert seine Nerven. Gott will, dass wir sechs Tage arbeiten und am Siebten ausspannen. So behalten wir unsere Spannkraft! Da liegt ein Segen drauf. Wenn ich mich an Gottes gute Ordnungen halte, ernte ich Leben. Wenn ich seine Ordnungen auf den Kopf stelle oder leichtfertig übergehe, wird mein Leben chaotisch. Dagegen kann dann auch kein Schild helfen, das einer mit folgender Inschrift aufhängte: „Nur Idioten halten Ordnung. Das Genie beherrscht das Chaos."

## 5 Wert

*Da formte Gott, der Herr, aus der Erde den Menschen und blies ihm den Atem des Lebens in die Nase. So wurde der Mensch lebendig. 1.Mose 2,7*

Geh mal in den Garten oder auf einen Acker und nimm etwas Erde in deine Hand – ganz bewusst... Und denke daran: von hier kommt der Mensch her!

Gott nahm Erde und formte daraus Adam. Es heißt nicht, Gott sprach und es wurde, wie etwa bei der Erschaffung des Lichts, sondern wir sehen Gott als einen überaus begabten Künstler, der den Menschen modelliert. Wenn ich daran denke, wie der menschliche Körper konstruiert ist und funktioniert, komme ich ins Staunen über die Größe des Verstandes Gottes und über die Geschicklichkeit seiner Hände. Aber nicht nur damals bei Adam war Gott dabei, sondern überall dort, wo menschliches Leben entsteht und wächst. David sagt über Gott in Psalm 139: „Du hast mich bereitet im Leibe meiner Mutter."

Wir Menschen sind „Erdwesen". Wir bestehen aus chemischen Elementen der Erde – Calcium, Natrium usw... Deshalb werden wir auch wieder zu Erde, zu Staub, wenn wir gestorben sind.

Aber das ist nicht alles. Es kommt noch etwas dazu – das Geheimnis allen Lebens. Gott beugt sich herab oder hebt sein Geschöpf zu sich hoch und bläst seinen Atem in den Menschen. Und erst jetzt ist Adam Mensch, quicklebendig. Der Körper ist eine leblose Hülle, bis Gott ihn mit dem „Atem des Lebens", mit seinem Atem zum Leben erweckt. So kommt unser Leben, unser Wert aus Gott. Deshalb habe ich „Mehrwert". Wenn mein Körper stirbt und irgendwann zu Erde wird, ist für mich nicht

alles aus. Ich gehe zurück zum Hersteller, zu Gott! So gesehen sind wir „Pfandflaschen“ und keine „Wegwerfflaschen“.
Wer allerdings Gott ausklammert und den wahren Wert nicht erkennt, steht in der Gefahr, andere Menschen oder vielleicht sogar sich selbst, wie den „letzten Dreck“ zu behandeln. Im ungünstigsten Fall ist der andere dann noch so viel wert, wie der Verkauf seiner chemischen Elemente, wenn man sie verkaufen würde. Das wären ca. 30 €, je nach Größe und Nachfrage. Traurig!

## 6 Liebe

*Und Gott, der HERR, gebot dem Menschen und sprach: Von jedem Baum des Gartens darfst du essen; aber vom Baum der Erkenntnis des Guten und Bösen, davon darfst du nicht essen; denn an dem Tag, da du davon isst, musst du sterben!* *1. Mose 2,16+17*

Wozu dieses Verbot? Was soll das mit diesem besonderen Baum im Paradies? Hätte Gott das nicht alles weglassen können? Es wäre doch allen Beteiligten unendlich viel Not erspart geblieben...
Vielleicht liegt der Schlüssel zum Verständnis im Wesen Gottes selbst. Gott ist Liebe. Er liebt seine Menschen, eben auch Adam und Eva. Und nun möchte Gott, dass wir ihn auch lieben, anders kann die Beziehung zu ihm nicht funktionieren. Liebe ist nur dann Liebe, wenn sie wählen kann, eine Alternative hat und freiwillig ist. Wenn es auf der ganzen Welt nur eine Frau gäbe und ich meiner Frau sage: „Du bist die Beste, ich will nur dich, ich liebe dich!“, dann bedeutet das nicht viel. Da es aber sehr viele Frauen gibt, ist meine Liebeserklärung kostbar.
Adam und Eva waren keine Marionetten Gottes, sondern Gegenüber Gottes, Persönlichkeiten. Sie hatten die Möglichkeit, Gott zu lieben oder einen anderen Weg zu gehen. Gott prüft unsere Liebe. Auf dem Weg, Jesus nachzufolgen, gibt es links und rechts immer wieder mal eine Tür über der das Versprechen steht, zu saftigeren Wiesen zu kommen. Vertraue ich dann Jesus, der gesagt hat: „Ich bin gekommen, dass sie das Leben in Fülle haben“, oder gehe ich den Verlockungen hinterher?
Liebe zeigt sich im Vertrauen.
Hätte Gott Adam ein stumpfes Taschenmesser gegeben und gesagt: „Säge damit nicht diesen dicken Baum um“, hätte er bestimmt die Finger davon gelassen. Aber nicht aus Liebe und Vertrauen, sondern weil sein Verstand oder die Trägheit ihn davon abgehalten hätte. Doch Gott gab nur ein kleines, unscheinbares Verbot, nicht von der Frucht des Baumes zu essen. Der Verstand sagte: „Warum nicht?“ und die Kraft: „Kein Problem!“. Aber die Liebe würde sagen: „Wenn Gott, der mich so sehr liebt, es verbietet, wird es sinnvoll sein, auch wenn ich es nicht verstehe.

Ich will meinem Gott und seinem Wort vertrauen. So wird aus Liebe durch Vertrauen Gehorsam. Darüber freut sich Gott!

## 7 Hilfe

*Und Gott, der HERR, sprach: Es ist nicht gut, dass der Mensch allein sei; ich will ihm eine Hilfe machen, die ihm entspricht. 1.Mose 2,18*

Reicht denn Gott allein nicht aus? Sind durch ihn nicht alle meine Bedürfnisse gestillt? Schon..., aber nicht direkt. Oft gebraucht Gott andere Menschen, um uns mit dem zu beschenken, was wir brauchen. Deshalb ist es nicht gut, alleine zu bleiben. Wir brauchen ein menschliches Gegenüber, eine Ergänzung – jemanden, der zu uns passt und doch anders ist. Der jüdische Religionsphilosoph Martin Buber sagte: „Der Mensch wird am Du zum Ich." Damals hat Gott für Adam die Eva erschaffen – gleichwertig, aber nicht gleichartig. Angelegt auf Ergänzung, Korrektur und Unterstützung. So ist das in der Ehe, aber auch da, wo jemand einen guten Freund oder eine gute Freundin hat. PC und TV reichen da nicht aus – im Gegenteil: sie treiben die Vereinsamung voran und verringern die Kommunikationsfähigkeit des Menschen. Wer sich eigenbrötlerisch zurückzieht oder absondert, wird auf Dauer ein komischer Kauz! Auch wenn man selber den Eindruck hat, ein Gegenüber, eine Ergänzung nicht nötig zu haben – Gott sagt: „Es ist nicht gut, dass der Mensch allein ist".
Salomo schreibt im Predigerbuch: „So ist´s ja besser zu zweit als allein; denn sie haben guten Lohn für ihre Mühe. Fällt einer von ihnen, so hilft ihm sein Gesell auf. Weh dem, der allein ist, wenn er fällt! Dann ist kein anderer da, der ihm aufhilft." Auch bei Jesus war es so, als er seine Jünger aussandte – er schickte sie zu zweit. Und der Apostel Paulus war auf seinen Reisen fast nie allein unterwegs.
Hast du einen Menschen, der zu dir passt und dir ganz nahe steht? Einen Menschen, mit dem du durch „dick und dünn" gehen kannst? Dann achte auf diesen „Schatz" und gehe behutsam damit um.
Sicher hilft uns Gott, im Leben zurecht zu kommen, aber meistens indirekt, eben über einen anderen Menschen. Martin Luther sagte: „Der Christus im Anderen ist größer als in mir." Das heißt doch, dass Jesus durch andere Menschen zu mir spricht und an mir handelt. So gesehen kann man seinen Ehepartner oder den lieben Menschen, der einem nahe steht, nicht hoch genug achten – ein großartiges Geschenk Gottes!

# 8 Zusammen

*Da ließ Gott, der Herr, Adam in einen tiefen Schlaf versinken. Er entnahm ihm eine seiner Rippen und schloss die Stelle wieder mit Fleisch. Dann formte Gott, der Herr, eine Frau aus der Rippe, die er Adam entnommen hatte, und brachte sie zu ihm. „Endlich!“, rief Adam aus. „Sie ist Teil von meinem Fleisch und Blut! Sie soll „Männin“ heißen, denn sie wurde vom Mann genommen.“ Das erklärt, warum ein Mann seinen Vater und seine Mutter verlässt und sich an seine Frau bindet und die beiden zu einer Einheit werden. 1.Mose 2,21-24*

Es gibt nicht nur die Erdanziehungskraft, sondern auch die zwischen Mann und Frau. Beide Geschlechter ziehen einander an. Da ist auf der anderen Seite etwas Geheimnisvolles. Neugier, Sehnsucht, Faszination und Entdeckersinn werden wach. Gott schuf Eva aus der Rippe Adams. Mann und Frau gehören zusammen, sie sind aufeinander bezogen. Aus der Rippe. Dazu steht im Talmud, eine Art jüdische Erklärung des Alten Testaments, folgendes: „Gott schuf die Frau nicht aus des Mannes Kopf, dass er ihr befehle; noch aus des Mannes Füßen, dass sie seine Sklavin sei; vielmehr aus seiner Seite, damit sie seinem Herzen nahe sei.“

Und das Geniale ist, dass Gott selbst der Brautführer ist und Eva zu Adam bringt. Natürlich fällt niemandem von uns der Ehepartner vom Himmel in den Schoß aufs Sofa. Die Augen offen zu halten und aktiv zu werden ist sicher wichtig. Doch sollte keiner die Rolle Gottes unterschätzen. Er kennt die Herzen und weiß, welche zusammenpassen. Männer und Frauen sind gut beraten, wenn sie Gott um den richtigen Partner bitten. Für sich oder dann später auch für die Ehepartner der eigenen Kinder.

Adam merkt, was Gott da gemacht hat, passt perfekt. Er nimmt Eva aus Gottes Hand und bricht in einen Jubel aus. Daraus ergibt sich eine Art „Dreiklang“, der eine Ehe schön und dauerhaft macht. Der Mann verlässt Vater und Mutter. Er lässt altes los und richtet sich neu aus, es soll ja eine neue Familie entstehen. Dieses Verlassen muss nicht immer, wobei es in den meisten Fällen nötig wäre, räumlich geschehen. Der Mann wird sich an seine Frau binden. Sie sind nun „zusammengeschweißt“ und gehen gemeinsam durchs Leben. Herz und Herz haben sich gefunden und verbunden...

Und beide werden eine Einheit sein. Nicht mehr zwei, sondern eins. Das betrifft alle Bereiche, auch den sexuellen. So tief und dauerhaft sollen und dürfen Mann und Frau in der Ehe miteinander ihr Leben teilen und füreinander da sein.

# 9 Verführung

*Die Schlange war das listigste von allen Tieren, die Gott, der Herr erschaffen hatte. „Hat Gott wirklich gesagt“, fragte sie die Frau, „dass ihr keine Früchte von den Bäumen des Gartens essen dürft?“. „Selbstverständlich dürfen wir sie essen“, entgegnete die Frau der Schlange. „Nur über die Früchte vom Baum in der Mitte des Gartens hat Gott gesagt: Esst sie nicht, ja berührt sie nicht einmal, sonst werdet ihr sterben.“ „Ihr werdet nicht sterben!“, zischte die Schlange. „Gott weiß, dass eure Augen geöffnet werden, wenn ihr davon esst. Ihr werdet sein wie Gott und das Gute vom Bösen unterscheiden können.“ 1.Mose 3,1-5*

Ach Eva, wärst du doch weggerannt, statt zu diskutieren! Ach Adam, hättest du doch eingegriffen, statt von der Frucht zu nehmen. Der Teufel verspricht viel, gibt wenig und nimmt alles. Wer ihm seinen kleinen Finger reicht, von dem nimmt er sich die ganze Hand. Er hat einen großen Kleiderschrank und kommt je nach Lage verkleidet – als Engel des Lichts, als brüllender Löwe oder eben als Schlange. Als Vater der Lüge versteht es der Teufel perfekt, Eva von Gott zu trennen: Gott meint es nicht gut, du kannst sein Wort beurteilen, Gott lügt – du kannst selbst dein Gott sein. Und Eva nimmt von der verbotenen Frucht – sie vertraut dem Teufel mehr als Gott.

Es geht nicht um Obstfrevel. Die Lebensmitte verschiebt sich: du kannst es selbst – Gott brauchst du nicht. „Selbst- herrlich, -ständig, -verwirklichung“.

Zuerst wollte der Mensch das, nun muss er es – an sich satt werden und dabei verhungern. Das ist der Fluch, das Verhängnis der Sünde, des sogenannten Sündenfalls. Damals wurde der Sünde und dem Tod die Tür geöffnet. Seitdem zieht sich das durch - von Generation zu Generation, von Land zu Land, über alle kulturellen und ethnologischen Grenzen hinweg, bis zu uns. Hier sind wir alle gleich. Da ist keiner, der vor Gott bestehen kann. Und für uns alle gibt es nur einen Ausweg: Zurück zu Gott – durch Jesus Christus, seinen Sohn! Er hat alle Schuld und den Tod auf sich genommen, ans Kreuz geschleppt und dafür bezahlt. Er ist der zweite Adam, der uns nicht wie der erste zu Erben der Sünde und des Todes macht, sondern zu Kindern Gottes und damit zu Erben der Herrlichkeit und des ewigen Lebens! Die Tür zum Paradies ist wieder offen – Gott sein Dank!

## *10 Verstecken*

*Gott, der Herr, rief nach Adam: „Wo bist du?“ 1.Mose 3,9*

Gott, wo bist du? Wo warst du damals, als...? So fragen viele Menschen. Laut oder stumm in ihren Herzen. Warum hat Gott nicht geholfen, wieso nicht mehr gesegnet oder seine schützenden Hände über mich gehalten? Gerade, wenn man ihn braucht, macht er sich aus dem Staub, klagen manche. Ja, wenn es kritisch wird, soll Gott eingreifen. Aber dann erfahren wir, wie uns dieser Gott, dies Gottesbild zwischen unseren Händen entgleiten lässt. Die Frage aber muss andersrum gestellt werden. Gott fragt: Mensch, wo bist du? Wir neigen dazu, Gott davon zu laufen und unsere eigenen Wege zu gehen. Von daher kommen die Probleme. Wir verstecken uns vor Gott, wie damals Adam. Der Zolleintreiber Zachäus versteckte sich samt seinen Betrügereien und seiner Sehnsucht nach mehr hinter den Blättern im Maulbeerbaum. Der Gesetzeslehrer Nikodemus verschanzte sich hinter seiner Theologie. Andere hinter ihrer Arbeit oder ihren familiären Pflichten. Sogar Krankheit und Leid, erfahrenes Unrecht können eine Mauer bilden, mit der man sich Gott vom Leib hält.
Zum Glück spielt Gott nicht den Beleidigten. Er hat von uns nicht „die Nase voll“. Er macht sich nicht aus dem Staub – im Gegenteil. Er macht sich auf den Weg und sucht seine Menschen – schon seit Anfang an. Damals Adam und seitdem immer wieder. Wie ein guter Hirte das verirrte Schaf. Egal, wo du gelandet bist und wie weit du dich von Gott entfernt hast. Du kannst die Flucht beenden. Jesus reicht dir neu die Hand Gottes entgegen. Nimm sie an und komm nach Hause! Schmeiß das Feigenblatt des Selbstmitleids oder der Selbstgerechtigkeit weg und nimm seine Gerechtigkeit an – das, was er für dich getan hat.
Zum Glück fragt Gott werbend nach: Wo bist du? Er interessiert sich, keiner ist ihm egal. Nahe an seinem liebenden Vaterherzen soll jeder Zuhause sein!

## 11 Sündenbock

*Da sagte der Mensch: Die Frau, die du mir zur Seite gegeben hast, sie gab mir von dem Baum und ich aß. Und Gott, der Herr, sprach zur Frau: Was hast du da getan? Und die Frau sagte: Die Schlange hat mich getäuscht, da aß ich. 1.Mose 3,12+13*

Das ist ja eine ganz schöne Schieberei – eine Schuldschieberei. Alles und alle haben die Schuld, nur ich nicht. Die Politiker sind schuld für die knappe finanzielle Lage. Die Lehrerin für die schlechten Noten. Der Chef

für miese Arbeitsbedingungen. Das Wetter für die Kopfschmerzen. Der Ehepartner für die „dicke Luft“ im Haus, und die Eltern für die Probleme im Leben. Kommt dir das auch ein bisschen bekannt vor?
Adam schiebt die Schuld auf seine Frau Eva. Eva schiebt sie auf die Schlange und damit indirekt auf Gott, denn er wird sie ja erschaffen haben. Am Ende hat also Gott für alles die Schuld. Typisch Mensch! Wir können unsere Fehler nur schwer eingestehen und die Verantwortung übernehmen. Immer ist der Andere schuld. Manchmal zerbrechen an dieser Haltung Ehen, und Familien gehen kaputt. So ist es, wenn es keiner schafft, sich ehrlich zu entschuldigen und den anderen um Vergebung zu bitten.
Deute mal mit dem Zeigefinger auf den anderen. Nun sieh deine Hand an. Merkst du etwas? Die anderen drei Finger zeigen dabei auf dich. In diesem Beispiel liegt ein gutes Stück Wahrheit. Hätte Adam seine Sünde eingestanden und Gott um Verzeihung gebeten, wäre mit der Menschheit vielleicht alles ganz anders gekommen...
So eine Schieberei! Ja, wir dürfen schieben – aber dahin, wo es hingehört. Wir sind eingeladen, unsere Schuld einzugestehen und sie dann wegzuschieben – hinzuschieben auf Jesus. Er ist das Lamm Gottes, das die Sünde und Schuld der Welt getragen hat. Er ist zum Sündenbock geworden! Jesus hat meine Fehler, mein Versagen, meine Schuld ans Kreuz getragen. Er hat dafür mit seinem Blut bezahlt. Ich kann ehrlich werden und zu meinem Versagen stehen. Ich muss das nicht mehr anderen anlasten – Jesus hat alles auf sich genommen!

## 12 Verheißung

*Und ich will Feindschaft setzen zwischen dir und der Frau und zwischen deinem Nachkommen und ihrem Nachkommen; der soll dir den Kopf zertreten, und du wirst ihn in die Ferse stechen.    1.Mose 3,15*

Mein Großvater wurde einmal von einer Kreuzotter gebissen. Kreuzottern sind giftig und mein Großvater brauchte mehrere Tage, um wieder auf die Beine zu kommen.
Menschen stehen auf Kriegsfuß mit Schlangen. Gott selbst hat diese Feindschaft bestimmt.
In der Bibel steht hinter der Schlange häufig ein Hinweis oder eine Anspielung auf den Teufel, der listig ist wie eine Schlange. Unser Vers ist das erste Evangelium, die erste gute Nachricht innerhalb der Bibel an uns Menschen. Wie eine helle Lampe, die Gott Adam und Eva mitgibt in die Nacht. Ein helles Licht, das leuchtet, bis es in Jesus Christus seine Erfüllung findet.

Es soll jemand kommen, der der Schlange den Kopf zertritt. Von Jesus heißt es in 1.Johannes 3,8: „Dazu ist erschienen der Sohn Gottes, dass er die Werke des Teufels zerstöre." Genau das ist am Kreuz passiert. Der Teufel wurde besiegt und entmachtet, „der Kopf der Schlange wurde zertreten".

Auch Jesus wurde „gestochen" und starb am „Sündengift". Weil er aber auferstanden ist, hat sein Tod die Schlange besiegt. Mit der Tatsache, dass der Teufel heute noch Böses tun kann, verhält es sich wie mit den Wellen, die noch ans Ufer schlagen, nachdem das Schiff auf dem Fluss schon längst vorbeigefahren ist. Bald werden auch die Wellen schwächer und ganz aufhören. Der Teufel hat nur so viel Spielraum, wie Gott ihm gewährt. Martin Luther sagte: „Er ist wie ein Hund an der Leine Gottes."

Er darf nur so lange und so weit, wie Gott es gestattet. Ich muss mich nicht fürchten, mit Jesus bin ich immer in der Mehrzahl und auf der Seite des Gewinners.

## 13 Konsequenzen

*Dann sprach er zu der Frau: „Mit großer Mühe und unter Schmerzen wirst du Kinder zur Welt bringen. Du wirst dich nach deinem Mann sehnen, doch er wird über dich herrschen." Und zu Adam sprach er: „Weil du auf deine Frau gehört hast und von der verbotenen Frucht gegessen hast, soll der Ackerboden deinetwegen verflucht sein. Dein ganzes Leben lang wirst du dich abmühen, um dich davon zu ernähren. Dornen und Disteln werden auf ihm wachsen, doch du musst dich vom Gewächs des Feldes ernähren. Dein ganzes Leben lang wirst du im Schweiße deines Angesichtes arbeiten müssen, um dich zu ernähren – bis zu dem Tag, an dem du zum Erdboden zurückkehrst, von dem du genommen wurdest. Denn du bist aus Staub und wirst wieder zu Staub werden. 1. Mose 3,16-19*

Der Sündenfall und seine Folgen... Das alles gab es im Paradies nicht, sondern erst jenseits von Eden. Hier liegt der Ursprung vieler Schwierigkeiten im Leben und unserer Welt. Schmerzen, die eine Frau erleidet, wenn sie ein Kind zur Welt bringt – das ist für sie kein Zuckerlecken. Und wie oft, bei uns vor allem früher, sterben Mütter oder Babys oder beide bei der Geburt. Rivalitäten und Konkurrenzkampf in der Ehe. Wer gibt nach? Wer hat das letzte Wort? Herrschen und beherrscht werden. Ein Ackerboden, auf dem das Unkraut schneller wächst, als die gute Frucht. Nur durch Mühe und Arbeit kommt ein Ertrag zustande. Erleben wir nicht oft genug die „Dornen" am Arbeitsplatz? Das Schlechte nimmt schnell überhand und bedroht und erstickt das Gute.

Wer in der Erziehung alles laufen lässt, erntet nichts Gutes. Wer in Beziehungen nicht investiert, hat am Ende das Nachsehen und wird ernüchtert aufwachen. Und dann die Sterbenot. „Du bist aus Staub und wirst wieder zu Staub werden.“ Dahinter steht ein schmerzvoller Prozess. Loslassen, schwächer werden, kämpfen und verlieren – bis zum letzten Atemzug. Der Tod kommt totsicher, und das Leben ist gefährlich und endet immer tödlich. Hat das Leben dann überhaupt einen Sinn? Hatte der Philosoph Ludwig Feuerbach recht, als er sagte: „Am Ende erbt der Tod alles.“?
Wieso hat Gott alle diese Schwierigkeiten über das Leben jenseits von Eden verhängt? Wozu das alles?
Antwort: Es soll niemand ohne Gott wirklich glücklich werden und ein sinnvolles Leben finden können. Weder bei den Kindern, noch beim Ehepartner, noch in der Arbeit. Wir sollen Ausschau halten nach etwas Höherem und uns nach Gott ausstrecken. Jesus ruft: „Kommt her zu mir, die ihr euch plagt und abmüht, ich will euch erfrischen.“
Denn: „Wer den Sohn hat, der hat das Leben; wer den Sohn nicht hat, der hat das Leben nicht.“ (1.Johannes 5,12)

# 14 Mord

*Später schlug Kain seinem Bruder Abel vor: „Komm, wir gehen aufs Feld hinaus.“ Als sie dort waren, fiel Kain über seinen Bruder her und schlug ihn tot. 1.Mose 4,8*

Der erste Mord. Und das auch noch unter Brüdern – Brudermord. Wir sind empört und du denkst dir sicher, dass du vielleicht zu vielem imstande wärst, aber zu so etwas nie. Im Neuen Testament schreibt Johannes: „Wer seinen Bruder hasst, der ist ein Totschläger.“ (1.Johannes 3,15) Mit „hassen“ ist gemeint: ich lehne den Anderen ab und wünsche, es gäbe ihn nicht. Plötzlich ist das Thema Brudermord nicht mehr ganz so weit entfernt, oder? Kain war neidisch auf Abel. Gott hatte Abels Opfer angenommen, seines jedoch nicht. Das konnte der sonst so erfolgsverwöhnte ältere Bruder nicht verkraften. Er war doch der Starke. Schon nach seiner Geburt jubelte seine Mutter über ihn. Mit viel Anstrengung konnte er dann dem mit Dornen bewachsenen Ackerboden die guten Früchte abgewinnen. Als sein Bruder geboren wurde, blieb der Jubel aus. Die Eltern nannten ihn Abel, was so viel heißt wie „Hauch“. Hatten die Eltern offensichtlich ihren Liebling und so unter den Geschwistern den Keim der Eifersucht und des Unfriedens gestreut? Und dann geht´s ab zwischen den Geschwistern. Nun stehen beide vor Gott, und alles ist anders. Im Vertrauen und mit dankbarem, demütigem Herzen brachte Abel sein Opfer dar und es war Gott angenehm, er freute sich darüber. Kain wollte mit seinem Opfer zeigen, was er konnte, was er hatte und sich so Gottes Zuneigung erkaufen. Diese Rechnung ging nicht auf. Später im Neuen Testament stellt Jesus den Mord an Abel in eine Reihe mit den Vergehen und der Gesinnung der Schriftgelehrten und Pharisäer. Auch sie wollten bei sich selbst gut und richtig vor Gott sein. Deshalb verachteten sie die Gnade, das Geschenk Gottes. Sie sorgten dafür, dass der Gerechte, Jesus, gekreuzigt wurde. Aus Neid, so, wie Kain. Neid ist wie Krankheit, die sich durch unser ganzes Herz fressen kann. Wie sieht es in deinem Herzen aus? Es ist wichtig, dass wir darüber nachdenken, denn in Gottes Wort heißt es: „Ein Mensch sieht, was vor Augen ist; der HERR aber sieht das Herz an."

## 15 Bewahrung

*Dem Herrn gefiel das Opfer und er sprach zu sich: „Nie mehr will ich um der Menschen Willen die Erde verfluchen und alles Lebendige vernichten, so wie ich es gerade getan habe, auch wenn die Gedanken und Taten der Menschen schon von Kindheit an böse sind. Solange die Erde besteht, wird es Saat und Ernte geben, Kälte und Hitze, Sommer und Winter, Tag und Nacht". 1.Mose 8,21+22*

Späte Einsichten Gottes? Hätte er doch vorher wissen können. Die Sintflut kann das Böse nicht aus der Welt wegspülen. Dieses Wasser reicht nicht bis ins Herz des Menschen, um eine vollständige Reinigung zu schaffen. Strafe muss sein, aber Gott hat sich verpflichtet – und der Regenbogen erinnert uns daran -, dass Gott diese Welt kein zweites Mal durch eine Sintflut vernichten wird. Im Gegenteil: Gott will Leben ermöglichen. Er hält den Treulosen die Treue. Gott hat Schutzdämme aufgerichtet: Naturgesetze, Obrigkeiten, Ehe, Schamgefühle und das Gewissen. Wenn wir allerdings diese Dämme vermehrt einreißen, ziehen wir uns selbst ein Stück ins Gericht. Da erntet der Mensch, was er sät. Gott hat eine realistische Sicht von uns: „böse von Kind auf". Er macht sich über uns keine Illusionen, er kann nicht groß enttäuscht werden. Wir hingegen erwarten da manchmal zu viel voneinander oder von uns selbst. Wir überfordern uns und sind enttäuscht. Wir erwarten von anderen das große Glück und die Befriedigung des Lebens. Und wir sind frustriert, wenn uns dieses oder jenes immer wieder passiert. Gott weiß das alles. Er sucht keine perfekten Menschen, vielmehr will er Menschen retten und von sich abhängig machen. Er allein ist gut und wer an seinem Vaterherz Zuhause ist, lebt bestens. Übrigens: Das nächste Mal wird diese Welt durch Feuer zerstört. Petrus schreibt davon in seinem Brief. Aber Gott wartet noch damit. Er möchte, dass noch viele

Menschen umkehren und keiner in seinem Himmel, in seiner neuen Welt, fehlt – auch du nicht!

## 16 Sprachen

*Wohlauf, lasst uns herniederfahren und dort ihre Sprache verwirren, dass keiner der anderen Sprache versteht! So zerstreute sie der Herr von dort in alle Länder, dass sie aufhören mussten, die Stadt zu bauen. 1.Mose 11,7+8*

Englisch, Französisch, Spanisch und Latein – nicht jedermanns Lieblingsfächer in der Schule. Vokabeln pauken, Grammatik büffeln und Konversation trainieren. Wem haben wir das zu verdanken? Die Bibel berichtet dazu vom sogenannten „Turmbau zu Babel“. Die Menschen damals wollten hoch hinaus, wollten sich ein Denkmal, einen großen Namen machen. Nach dem Motto „gemeinsam sind wir stark“ schufen sie sich eine Einheit, allerdings ohne Gott. Wir sind selbst groß und stark. Wir kriegen alles in den Griff. Der Fortschritt ist nicht aufzuhalten. Im kommunistischen Osten sang man zu seiner Zeit: „Ohne Gott und Sonnenschein bringen wir die Ernte ein.“ Und dann folgte die große Misswirtschaft. Gott hat dem Turmbau ein Ende gesetzt, die Sprache verwirrt und die Menschen in unterschiedliche Gegenden zerstreut. Nun entstanden die verschiedenen Sprachen, Kulturen und wohl auch Religionen. Die verschiedenen Sprachen schützten die Menschheit vor einer falschen, gegen Gott gerichteten Einheit. Es wurden Grenzen gesetzt, die keiner so einfach einreißen sollte. Am Ende der Zeit, so berichtet die Bibel, wird der Antichrist versuchen, die Welt unter seiner Herrschaft zu vereinen. Er lässt sich wie ein Gott verehren und schafft durch sein „Babylon“ in gewisser Weise eine politische, wirtschaftliche und religiöse Welteinheit. Das hält aber nicht lange an. Christus kommt wieder und wird ihn vernichten. Besser ist es, wenn ich die Einheit lebe, die Gott durch seinen Heiligen Geist schafft. Am ersten Pfingstfest konnten Menschen aus vielen unterschiedlichen Sprachen die Predigt der Apostel ohne Dolmetscher in ihrer Sprache hören. Über alle kulturellen, sprachlichen und nationalen Grenzen hinweg, bewirkt die frohe Nachricht von Jesus eine neue Einheit. Die der Familie Gottes, die der Christen – eine Einheit für die Ewigkeit.

## 17 Losgehen

*Und der Herr sprach zu Abram: Geh aus deinem Vaterland und von deiner Verwandtschaft und aus deines Vaters Hause in ein Land, das ich dir zeigen will. Da zog Abram aus, wie der Herr zu ihm gesagt hatte, und Lot zog mit ihm. Abram aber war fünfundsiebzig Jahre alt, als er aus Haran zog. 1.Mose 12,1.4*

Wenn die Bäume gerodet werden und mit großem Einsatz die Landebahn angelegt wird, beginnt für ein Urwalddorf etwas ganz Neues. Flugzeuge können landen und starten. Es kommen Ärzte, Lehrer oder vielleicht Missionare. Lebensmittel und Medikamente können eingeflogen werden. Mit Abraham begann ebenfalls etwas ganz Neues. Gott hat mit ihm eine Schneise in diese Welt geschlagen, eine Landebahn geschaffen. Der Segen, der Abraham von Gott verheißen wurde, findet in Jesus Christus seine Erfüllung und Verbreitung über den ganzen Globus. Bis dato war Abraham wie seine Väter ein Götzendiener, fern in einem heidnischen Land. Und dann sprach Gott in sein Leben hinein. Ja, am Anfang der Segensgeschichte Abrahams steht Gott. Und Gott ist lebendig, er redet, er handelt. Er setzt Abraham in Bewegung, er macht ihn mobil. Abraham hatte nichts in der Hand. Er vertraute. Daher nennt ihn die Bibel Vater oder Vorbild des Glaubens. Gott forderte ihn heraus, alle Sicherheiten aufzugeben. Heimatland, Verwandtschaft, Haus – der Kreis schließt sich immer enger. Am Ende hatte er nur noch Gott und sein Versprechen. Das sollte genügen. Das Abenteuer konnte beginnen. In einem Lied heißt es: „Was könnte Gott aus deinem Leben machen, wenn du ihn nur Herr sein ließest ganz und gar."
Oft bitten wir Gott, er möge doch segnen, was wir vorhaben oder tun.
Wie wäre es, wenn ich bete: „Herr, lass mich tun, was du segnest!"
Dann benötige ich offene Ohren für Gottes Reden und die Bereitschaft, ihm zu gehorchen. Das wird spannend... ein Abenteuer beginnt.

## 18 Friedensstifter

*So gab es Streit zwischen den Hirten von Abrams Vieh und den Hirten von Lots Vieh. Und die Kanaaniter und die Perisiter wohnten damals im Land. Da sprach Abram zu Lot:" Lass doch keinen Streit sein zwischen mir und dir und zwischen meinen Hirten und deinen Hirten; wir sind doch Brüder!" 1.Mose 13,7+8*

Die einheimischen, heidnischen Leute konnten das nicht kapieren. Kurz davor hatten die Fremdlinge Gottesdienst gefeiert – unter offenem

Himmel. Ganz fromm Gott gelobt und angebetet und nun herrscht so ein Streit. Die Hirten Lots und die von Abraham hatten sich in die Wolle bekommen. Jede Seite beanspruchte die besten Weidegebiete für sich und seine Schafe. Irgendwie war zu wenig für alle und keiner wollte nachgeben. Ihr Verhalten sprach lauter als die Worte vom Frieden im Gottesdienst. Ziemlich unglaubwürdig das Ganze. Was muss das für ein Gott sein, den dieser Abraham ins Land gebracht hatte?
Wie ist das bei mir? Oft bin ich ein Sonntagschrist... und dann, in der Woche – oh weh... Hoffentlich bekommt das niemand mit. Dabei soll mein Leben meinen Glauben an Jesus unterstreichen und nicht durchstreichen. Dwight Moody sagte: „Einer von hundert liest die Bibel. Die anderen neunundneunzig lesen den Christen.“
Abraham konnte diese Situation nicht mehr ertragen. Die Glaubwürdigkeit der Anhänger Gottes stand auf dem Spiel. Er suchte Frieden, ergriff die Initiative und führte mit Lot über die ganze Sache ein Gespräch. Jesus sagt: „Glücklich zu preisen sind die Friedensstifter, denn sie werden Gottes Kinder heißen.“ Solche Leute sind wertvoll, nicht mit Geld zu bezahlen. Und Abraham war so einer. Er überlässt Lot die Wahl: „Gehst du nach links, gehe ich nach rechts; gehst du nach rechts, gehe ich nach links.“ Lot wählt die saftigen Wiesen und Abraham zieht scheinbar den Kürzeren. Frieden stiften hat seinen Preis. Ist er´s mir wert? Man muss zuerst die Hand hinstrecken. Manchmal sogar nachgeben, zurücktreten oder verzichten. Zum Beispiel beim ewigen Erbstreit oder im Nachbarschaftskonflikt. Das heißt nicht, dass wir Christen immer fein brav nachgeben müssen und den Mund halten. Aber wenn Gott es will, dann eben doch. Und Abraham kam nicht wirklich zu kurz. Wenig später sagt Gott zu ihm: „Ich bin dein Schild und dein sehr großer Lohn“ (Kapitel 15,1). Damit lässt es sich doch gut leben, oder?

## 19 Davonlaufen

*Und der Engel des HERRN sprach zu ihr: Kehre wieder um zu deiner Herrin und demütige dich unter ihre Hand. 1.Mose 16,9*

Wenn es kritisch wird, rennt sie davon... Vor Schwierigkeiten weicht sie aus und versteckt sich. Viele Menschen sind konfliktscheu, denn sie haben nie gelernt, richtig zu streiten oder sich mit Problemen konstruktiv auseinander zu setzen. Man(n) schweigt und geht davon. Viele fressen den Ärger in sich hinein.
Um wen geht es in unserem Vers? Es geht um Hagar. Hagar flüchtet in die Wüste. Was war geschehen? Sara, ihre Chefin wurde und wurde nicht schwanger. Der versprochene Sohn ließ auf sich warten. Bei Hagar

hingegen klappte es sofort. Sie erwartete ein Kind. Für Sara war das eine harte Nuss. Und das ließ sie Hagar spüren. Sie ließ die Chefin raushängen und machte ihr das Leben schwer. Und irgendwann war für Hagar das Maß an Demütigung voll. Da gab es nur noch eines: Nichts wie weg hier! So fand sie der Engel des Herrn in der Wüste an einer Wasserquelle. Und nun merkt Hagar, dass Gott sie nicht in ihren Fluchttendenzen bestärkt. Sie soll zurückgehen an ihren Platz und sich unter die Autorität Saras stellen. Dann wird Gott sie segnen und ihre Nachkommen auch.
Wenn ich vor den Schwierigkeiten davon laufe, vielleicht nur in Gedanken oder Tagträumen, verpasse ich die dahinter liegenden Siege Gottes und prägenden Erfahrungen mit Jesus. Ich sollte den schwierigen Menschen, mit dem ich es vielleicht zu tun habe, annehmen. Dann werde ich erfahren, wie mir von Gott Kraft und Segen zufließen.
Petrus drückt das so aus: „Deshalb beugt euch demütig unter die Hand Gottes, dann wird er euch ehren, wenn die Zeit dafür gekommen ist. Überlasst alle eure Sorgen Gott, denn er sorgt sich um alles, was euch betrifft.“ (1.Petrus 5,6+7)
Gott holte Hagar auf ihrer Flucht ein und zurück. Und sie erkannte: „Du bist ein Gott, der mich sieht. Ich bin dir nicht egal. Bei dir bin ich in hohem Ansehen.“ Sie ging ermutigt zurück, trotz Schwierigkeiten.
Der dänische Philosoph Sören Kierkegaard sagte: „Du kannst da blühen, wo Gott dich hingepflanzt hat.“

## 20 Wertlos

*Die Jungen wuchsen heran. Esau wurde ein Jäger, der gerne über die Felder streifte. Jakob hingegen blieb lieber bei den Zelten. Isaak liebte Esau besonders, weil er gern gebratenes Wild aß, Rebekka bevorzugte Jakob. Eines Tages kochte Jakob einen Eintopf. Da kam Esau erschöpft von der Jagd zurück. Er sagte zu Jakob: „Ich bin hungrig. Gib mir etwas von dem roten Eintopf, den du gekocht hast.“ So erhielt Esau den Beinamen Edom – „rot“. Jakob entgegnete: „Gut, aber nur, wenn du mir dafür dein Erstgeburtsrecht verkaufst“. „Ich muss ja sowieso einmal sterben“, sagte Esau. „Was nützt mir da mein Erstgeburtsrecht?“ Jakob beharrte: „Gut, dann schwöre es mir zuerst.“ Da schwor Esau es ihm und verkaufte so alle seine Rechte als Erstgeborener an seinen jüngeren Bruder. Dann gab Jakob Esau das Brot und den Linseneintopf. Esau aß und trank. Dann stand er auf und ging wieder weg. So gleichgültig war ihm sein Erstgeburtsrecht. 1.Mose 25,29-34*

Wenn der Magen knurrt, dann... Dann sind wir zu vielem bereit. Was haben Verhungernde nicht alles aus Verzweiflung gegessen. Baumrinde,

Käfer und Schlimmeres. Was Hunger wirklich bedeutet, können wir uns wohl gar nicht vorstellen. Wir haben Appetit, aber so richtigen Hunger, der mehr als weh tut, nein. Esau war auch nicht am Verhungern, er hatte nach der langen Jagd halt Kohldampf und konnte mit dem Essen nicht mehr warten. Sein Zwillingsbruder Jakob nutzte die Situation aus und forderte als Gegenleistung für das Linsengericht das Erstgeburtsrecht seines älteren Bruders. Tragisch ist, dass dieser darauf eingeht und sein Erstgeburtsrecht bekanntlich für ein Linsengericht verkauft. Mehr war es ihm nicht wert. Er sah nur den Moment und die Erfüllung seiner Begierde. Und dafür gab er es her – zu einem Schleuderpreis.
Da „verkauft" ein Mädchen ihre „Unschuld", um bei Freundinnen mitreden zu können und um den Freund nicht zu verlieren. Ein anderer lästert mit über diesen komischen Kerl, um weiter zur Clique dazu zu gehören. Der Schüler „verkauft" seine Ehrlichkeit durch Abschreiben während der Mathearbeit, um eine bessere Zensur zu bekommen. Nicht wenige haben ihr Bekenntnis zu Jesus „verkauft", um es leichter zu haben und von allen akzeptiert zu werden. Wer immer mehr hergibt, „verkauft", hat am Ende nichts mehr. Dann reicht es nur noch fürs Schaufenster, aber die Regale sind leer. Ein Mädchen sagte: „Ich fühle mich wie eine
Coca–Cola-Dose: Aufgerissen, leergesoffen und weggeschmissen." Mit dreißig schon ausverkauft. Darum widerstehe der Verlockung des Augenblicks. Behalte den Weitblick! Alles, was Gott mir geschenkt hat, was Jesus für mich am Kreuz tat und das ewige Leben ist mit keinem Geld oder Versprechen der Welt aufzuwiegen. Jesus sagt uns in Offenbarung 3,11: „Halte, was du hast, damit keiner deine Krone raube."

## 21 Verdienen

*Ich bin es nicht wert, dass du mir, deinem Diener, mit so großer Treue und grenzenloser Liebe begegnest. Nur mit einem Wanderstock überquerte ich einmal den Jordan und nun füllt mein Besitz zwei Lager. 1.Mose 32,11*

Unzufriedenheit und Selbstverständlichkeit sind wie Zwillinge. Sie gehören zusammen, wetteifern und treiben einander zu Höchstleistungen an. Wer alles selbstverständlich nimmt, kann nie zufrieden sein. Schöne Wohnung, passende Kleidung, gute Zensuren in der Schule, genügend Einkommen und täglich leckeres Essen. „Danke Gott, das steht mir aber auch zu!" So sagen oder empfinden viele. Und wenn es dann mal irgendwo zwickt, fangen wir an zu schimpfen und fordern ungeduldig die Behebung des Schadens. Vielleicht sagst du

dann: „Womit habe ich das verdient?“ Ich frage: Mit welchem Recht fordern wir die zehnte Scheibe Brot, wenn ein großer Teil der Menschheit noch auf die erste Scheibe wartet? Sind wir so viel besser? Jakob hat auch gefragt: „Womit habe ich das verdient“? – aber anders. Er staunt über seinen Besitz. So viele Schafe! Er war überwältigt von der Barmherzigkeit Gottes in seinem Leben. Das hatte er nicht verdient. Und trotzdem hat Gott ihn so beschenkt. Sicher, er hatte viele Jahre dafür geschuftet, aber es hätte alles auch anders kommen können. Er hat es gelernt, dass alles von Gottes Segen abhängt.
Wer sich wie Jakob mit seinem Leben vor Gott erkennt, hat keine Lust mehr, Besitz, Gesundheit und Wohlstand selbstverständlich einzufordern. Wenn ich daran denke, was Paulus in Römer 6,23 schreibt, werde ich dankbar und zufrieden. Dort steht: „Der Lohn der Sünde ist der Tod; aber das Geschenk Gottes ist das ewige Leben in Christus Jesus, unserem Herrn.“ Dies Geschenk haben wir nicht verdient und trotzdem bekommen wir es. Jesus hat mich angenommen, mir vergeben und neues Leben ermöglicht. Warum auch immer... Auf jeden Fall nicht, weil es mir zusteht. Gott sei Dank! Christen mit Lebens- und Glaubenserfahrung sagen: „Nichts ist selbstverständlich, alles ist Gnade.“ Das sollte man nicht einfach fromm nachsagen. Oft ist es ein langer, manchmal schmerzhafter Weg, der uns diesen Satz buchstabieren lehrt. Wenn ich ehrlich erkenne, dass mir gar nichts zusteht, kann ich das, was ich habe, dankbar und zufrieden genießen. Dann frage ich eben anders: „Womit habe ich das verdient?“

## 22 Wertvoll

*Dann sagte er zu Jakob: »Lass mich los; es wird schon Tag!« Aber Jakob erwiderte: »Ich lasse dich nicht los, bevor du mich segnest!«*
*1. Mo. 32,27*

Ringkampf mit Gott. Jakob kämpft die ganze Nacht. Er will nicht loslassen, bevor Gott ihn gesegnet hat. Jakob bleibt dran und hält durch.
Stell dir vor: du steigst abends aus dem Auto und merkst, wie dir 10 Cent aus der Hosentasche auf den Boden fallen. Wo ist das Geldstück nur hingefallen? Du suchst kurz und wenn du die 10 Cent nicht findest, gehst du ins Haus und die Sache ist erledigt. Und nun stell dir vor, dass du nicht 10 Cent, sondern einen 100€ Schein verloren hast. Du wirst den Schein suchen, auch, wenn es die halbe Nacht dauert. Vielleicht rufst du sogar andere, die dir suchen helfen. Du ruhst nicht eher, bis du die 100€ in deiner Hand hältst.
Auf Gott, seinen Segen und seinen Willen bezogen stellt sich die Frage: Habe ich nur einen 10 Cent - Glauben oder einen 100 € - Glauben? Mal

kurz bei Gott anklopfen, probieren und wenn es nichts bringt, gibt es ja auch noch andere Möglichkeiten im Leben. Ich habe es wenigstens probiert... Wie viel ist Gott mir wert? Jakob wollte nicht ohne Gott und seinen Segen leben. Er hätte alles dafür gegeben. Und Gott sieht das. Er lässt es den Aufrichtigen gelingen. Durch einen schmerzlichen Prozess hindurch erlebt Jakob hier seine „neue Geburt", er wurde ein neuer Mensch. Dazu musste er sein altes, verdrehtes Wesen vor Gott offenlegen. Dafür erhält er nun einen neuen Namen – Israel – und damit eine neue Identität. Jakob hält an Gott fest und geht doppelt gesegnet nach Hause: Auf der einen Seite hinkte er, andererseits ging ihm die Sonne auf.
Dem Paulus im Neuen Testament erklärte es Jesus so: „Lass dir an meiner Gnade genügen, denn meine Kraft ist in den Schwachen mächtig." (2.Korinther 12,9)

## *23 Unklug*

*Jakob liebte Josef mehr als seine anderen Söhne, weil er ihm erst im Alter geboren worden war. Deshalb ließ er Josef eines Tages ein prächtiges Gewand machen. Seine Brüder hassten Josef, weil sie merkten, dass ihr Vater ihn lieber hatte, als sie und redeten kein freundliches Wort mehr mit ihm. 1.Mose 37,3+4*

Und das Ende vom Lied? Die Brüder verkaufen Josef in die Sklaverei nach Ägypten und Papa Jakob bekommt seinen Liebling über zwanzig Jahre nicht mehr zu sehen. Musste das sein? Mensch, Jakob, hast du denn gar nichts aus den Fehlern deiner Eltern gelernt? Da hatte Papa Isaak Esau bevorzugt und er, Jakob, war Mama Rebekkas Liebling.
In der Bibel finden wir nicht viele intakte Familien. Es geht meistens drüber und drunter – kaputte Familien. Wie es halt so in der Welt ist. Unvollkommen. Brüchig und schräg. Die vollkommene Welt gibt es eben erst im Himmel. Aber dieses „es ist halt nun mal so", darf zu keiner billigen Entschuldigung werden, nicht zur Lizenz, alles den Bach runter laufen zu lassen.
Ich bin herausgefordert, zu lernen. Aus eigenen Fehlern und aus denen anderer. Ich muss nicht erst in jede Dreckpfütze fallen, sondern kann mir von denen etwas sagen lassen, die aufgrund ihrer Erfahrung davor warnen und den besseren Weg aufzeigen. Eltern treiben einen Keil in ihre Familie, wenn sie ihre Lieblinge haben. Du denkst: es ist, wie es ist. Die einen sind sympathischer, liegen einem mehr – mit den anderen tut man sich schwerer. Stimmt! Aber es besteht ein Unterschied, ob zum Beispiel der eine Sohn mir nur sympathischer ist, oder ich es nach

außen hin dokumentiere. Da liegt der Fehler. Jakob schenkte nur Josef ein wunderschönes, buntes Kleid.
Eltern tun gut daran, ihre Kinder gleichwertig zu behandeln. Mann und Frau müssen sich hier gegenseitig helfen und darüber wachen. Es sollte in unseren Familien keine Aschenputtel geben. Und wer weiß, wie sich welches Kind später weiterentwickelt. Sorgenkinder müssen nicht immer Sorgenkinder bleiben und Lieblinge können einem noch die meisten schlaflosen Nächte bereiten.
Bei Gott gilt kein Ansehen der Person. Er hat nur Lieblingskinder. Sein Wort fordert uns dazu auf, ebenso zu handeln. Jakobus schreibt: „Liebe Brüder, wie könnt ihr behaupten, an Jesus Christus, den Herrn der Herrlichkeit zu glauben, wenn ihr bestimmte Menschen bevorzugt.“ (Jakobus 2,1) Das gilt ganz allgemein, aber besonders auch in der Gemeinde und in meiner Familie.

## 24 Widerstand

*Und sie bedrängte Josef mit solchen Worten täglich. Aber er gehorchte ihr nicht, dass er sich zu ihr legte und bei ihr wäre. 1, Mose 39,10*

Es hätte alles so schön sein können, wenn nicht... wenn da nicht die Frau von Potifar wäre. Am Arbeitsplatz, täglich, wie ein steter Tropfen, der den Stein aushöhlt. Diese Frau bedrängte Josef. Sie wollte ihn verführen: „Komm zu mir ins Bett. Keiner sieht uns. Du hast dir das verdient.“ Josef war ein gutaussehender Mann im besten Alter und wie alle Männer aus Fleisch und Blut. Das heißt, er war auf erotischem, sexuellem Gebiet besonders ansprechbar. Doch Josef sagte NEIN! Das wird ihm nicht leicht gefallen sein. Zwei Aspekte stärkten ihn in seiner Entscheidung. Zum einen wollte er seinen Chef, dem Mann dieser Frau, ein solches Unrecht nicht antun. Der hatte viel Gutes für Josef getan und vertraute ihm blindlings. Und zum anderen hatte Josef Gott vor Augen. Den liebte und achtete er. Diese Liebe und der Wille Gottes zur Reinheit war ihm kostbarer als ein kurzes erotisches Abenteuer. Wir leben heute in einer erotisierten Umwelt. Die Versuchungen sind groß und naheliegend. Internet, Fernsehen, aber auch manche Versuchungen am Arbeitsplatz drängen uns zu sündigen. Wer anfängt, die Grenzen zu überschreiten, findet oft nicht mehr den Rückwärtsgang. Internetpornographie führt den Konsumenten in tiefe Abhängigkeiten und zersetzt den Glauben, oft auch die Familie. Ist es nicht so wie Antoine de Saint Exupery es ausdrückte: „Du bist zeitlebens für das verantwortlich, was du dir vertraut gemacht hast.“

Deshalb müssen wir lernen NEIN zu sagen. Um Gottes und der Menschen Willen. Und manchmal muss jemand, so wie Josef, vor der Versuchung fliehen.
Paulus schreibt im Neuen Testament an seinen jungen Mitarbeiter Timotheus: „Fliehe die Begierden der Jugend! Jage aber nach der Gerechtigkeit.“ (2.Timotheus 2,22)
Und wenn du es nicht alleine schaffst, suche einen Verbündeten. Ihr könnt dann gemeinsam beten, kämpfen, ermutigen und euch aufhelfen, wenn einer gefallen ist.
Letztlich geht es darum, eine positive Lebenserfüllung zu haben. Jesus sagt, dass der, der von dem Wasser trinkt, das er gibt und ist, nicht mehr dürsten wird. Wenn Jesus die Quelle meines Lebens ist, muss ich mir nicht mehr mit schmutzigem Wasser die Seele verderben.

## 25 Interesse

*Als nun am Morgen Josef zu ihnen hineinkam und sah, dass sie traurig waren, fragte er sie und sprach: „Warum seid ihr heute so traurig?“ 1.Mose 40,6+7*

Vielleicht ist folgendes Spiel bekannt: mit verbundenen Augen muss ein Freiwilliger sich ganz schnell um sich selbst drehen. Dann wird die Augenbinde abgenommen. Nun soll er auf ein zehn Meter entferntes Ziel zugehen. Das ist für alle Zuschauer ziemlich lustig. Der Freiwillige wackelt, fällt und geht in die falsche Richtung. Das Ganze sieht komisch aus und alle haben etwas zu lachen.
Was im Spiel lustig ist, ist im wahren Leben traurig. Viele drehen sich nur um sich selbst. Oft so lange, bis ihnen schlecht wird. Und so laufen sie dann auch durchs Leben. Getreu nach dem Motto: „Ich – icher – am ichesten,“ oder: „Ich, meiner, mich und mir – Herr, segne diese vier.“ Sie denken nur an sich, beziehen alles auf sich und ertragen andere nur als Statisten einer Aufführung, in der sie selbst stets die Hauptrolle spielen.
Selbst die Frage „Wie geht es dir?“, ist nicht so gemeint, sondern nur eine Floskel. Und wenn dann doch einer ehrlich über sein Ergehen spricht, ist der Fragesteller schon wieder weit weg, um die nächste Ecke - zumindest in Gedanken. Traurig, aber wahr: Wenn jeder an sich denkt, ist an alle gedacht, aber niemandem geholfen. Ich staune über Josef. Selbst inhaftiert, zu Unrecht, und er hat ein Auge, die nötige Sensibilität für das Ergehen seiner Mithäftlinge: „Warum seid ihr heute so traurig?“
Und das meint er ernst. Er interessiert sich für andere Menschen. Er bleibt nicht bei sich stehen. Statt das eigene Leid und die erfahrene Ungerechtigkeit zu bejammern, ist er unterwegs, anderen Gutes zu tun. Er hatte jemand Größeres, der sich um ihn kümmerte, in dessen Händen

er gut aufgehoben war. Deshalb war er frei für andere. Und als einer, der selbst viel durchgemacht hatte, konnte er die betrübten Männer verstehen und ihren Herzen nahe sein.
Selbstverliebtheit und Verdrehung in das eigene Ich sind wesentliche Züge der Sünde. Der eine fühlt sich dadurch stolz, der andere minderwertig. Die Ursache ist die gleiche.
Wir dürfen frei werden, vor allem von uns selbst. Jesus sagt: „Wer mir nachfolgen will, verleugne sich selbst und nehme sein Kreuz auf sich.“ Das bedeutet umgekehrt: Wer nicht zu sich Nein sagen kann, tut sich mit der Nachfolge unnötig schwer, er steht sich selbst im Wege.
Ich bin eingeladen, mich mit meinem „Nein“ zu mir unter das große „Ja“ Gottes zu stellen und frei zu werden. Ich kann entdecken, dass ein wunderbarer Gott mich angenommen hat und versorgt.
Letztlich bleibe ich herausgefordert, durch das, was Paulus im Neuen Testament schreibt: „Ein jeder sehe nicht auf das Seine, sondern auch auf das, was dem anderen dient.“ (Philipper 2,4)

## 26 Vergangenheit

*Und Josef wurden zwei Söhne geboren, bevor die Hungerzeit kam; die gebar ihm Asenat, die Tochter des Potiferas, des Priesters zu On. Und er nannte den ersten Manasse; denn Gott, sprach er, hat mich vergessen lassen all mein Unglück und mein ganzes Vaterhaus. Den andern nannte er Ephraim; denn Gott, sprach er, hat mich wachsen lassen in dem Lande meines Elends.*
*1.Mose 41,50-52*

Mit der Bedeutung der Namen seiner beiden Söhne, die ihm in Ägypten geboren wurden, hat Josef sein Erfolgsgeheimnis gelüftet. Obwohl fern der Heimat, verkauft von seinen Brüdern, belasten ihn die bitteren Erfahrungen in seiner Herkunftsfamilie nicht mehr. Er muss nicht mehr in der Vergangenheit eine Erklärung für sein momentanes Ergehen suchen. Versöhnt mit seiner Vergangenheit kann er nach vorne schauen und aktuelle Herausforderungen anpacken. Keine Schuldzuweisung, keine Rachepläne, keine Verbitterung.
Jesus sagt, dass der, der die Hand an den Pflug legt und zurücksieht, nicht geeignet ist für Gottes Reich. Gott möchte uns über unsere Herkunft und Vergangenheit Frieden, ja sogar Dankbarkeit schenken. Ganz egal, was war. Nichts soll mich hindern, fröhlich weiter zu gehen. Jesus ist dafür gestorben. Ihm können wir alles Urteilen überlassen. Er kennt meine Vergangenheit, er sorgt für meine Zukunft, ihm schenke ich meine Gegenwart. Und mit dem Namen Ephraim macht Josef deutlich,

dass sogar die ungerechte und schwere Zeit in Ägypten ihn nicht nur nicht zerstören konnte, sondern sogar wachsen ließ.
In Römer 8,28 macht Gott klar, dass denen, die Gott lieben, alle Dinge zum Besten dienen. Ja, Gott kann aus unserem Mist Dünger machen. Und das ergibt bekanntlich einen guten Nährboden für Wachstum.
Weil Josef zu seiner Herkunft und zu seiner gegenwärtigen Situation ein JA hatte, konnte er Persönlichkeit werden und die großen Herausforderungen, die sich ihm stellten, bewältigen. Man merkt es einem Menschen an, ob er versöhnt ist – mit Gott, mit sich und seinem Leben – oder verbittert und auf der Flucht. Lasst uns lernen, alles aus Gottes Hand zu nehmen. Auch das, was uns nicht gefällt. Sein Friede, der höher ist als unser Verstand, wird uns dann durchströmen. Nicht irgendein Schicksal oder eine Laune der Natur stehen über meinem Leben. Es ist Gottes guter Wille, der mich führt, formt, wachsen lässt und vorbereitet für alles, was kommt.

## 27 Größer

*Ihr gedachtet es böse mit mir zu machen, aber Gott gedachte es gut zu machen, um zu tun, wie es an diesem, Tag ist, nämlich am Leben zu erhalten ein großes Volk.   1.Mose 50,20*

Blaue Augen sind schön, aber blauäugig durchs Leben zu gehen ist nicht ratsam und beschert irgendwann ein bitteres Erwachen. So ist es realistisch, wenn man weiß, dass es Menschen gibt, die einen nicht ausstehen können. Menschen schmieden böse Pläne im Herzen, andere lassen es einen ungeniert spüren. Vielleicht ein Arbeitskollege, vielleicht der Lehrer oder ein Nachbar. Manchmal sogar jemand aus der eigenen Verwandtschaft. Bei Josef waren es seine eigenen Brüder. Sie hassten ihn und verkauften ihn als Sklaven nach Ägypten. Und dann war da die Frau des Potifar, die ihn nach verschmähter Liebe zu Unrecht beschuldigte und dafür sorgen ließ, dass er in den Knast kam. Rückblickend erkannte Josef, dass diese Menschen sein Leben nicht zerstören konnten. Er merkte, wie Gott das alles benutze, um ihn zu führen, seinen Charakter zu formen, sodass er für die große Aufgabe, in der er nun stand, fähig wurde. Es hatte alles einen Sinn! Durch Josef in Ägypten wurden viele Menschen vor dem Hungertod bewahrt. Auch Jakob und seine Familie und damit ja eben auch die Anfänge des Volkes Israel. Sie kamen nach Ägypten, wurden dort ernährt und wuchsen über Jahrhunderte zu einem großen Volk heran. Bis Gott es durch Mose befreite und nach Hause zurückführte. So groß ist Gott. Menschen können seine guten Absichten mit mir nicht zerstören. Am Ende oder in der Ewigkeit werde ich staunen, wie wunderbar er alles gemacht hat und

dass Gott auch auf krummen Wegen gerade schreiben kann. In Jesaja 28,29 heißt es: „Sein Plan ist wunderbar und er führt es herrlich hinaus." Wenn wir darauf vertrauen, können wir wie David in Psalm 56,5 beten: „Gott, ich preise dein Wort und vertraue auf dich, warum sollte ich mich fürchten? Was können mir Menschen tun?" Und im Neuen Testament fragt Paulus rhetorisch und triumphierend in Römer 8: „Ist Gott für uns, wer kann gegen uns sein?" Niemand und nichts!
Jesus ist immer bei mir und seine Pläne mit mir werden sich erfüllen. Und das kann und darf kein Mensch verhindern.

## 28 Tapfer

*Aber die Hebammen fürchteten Gott und taten nicht, wie der König von Ägypten ihnen gesagt hatte, sondern ließen die Kinder leben. Darum tat Gott den Hebammen Gutes. Und das Volk mehrte sich und wurde sehr stark. 2.Mose 1,17.20*

Hut ab, vor diesen beiden Frauen. Dazu gehört eine große Portion Mut. Der mächtige Pharao saß ihnen im Nacken. Sein Befehl war klar: als hebräische Hebammen sollten sie alle hebräischen Jungen nach der Geburt sofort töten. Pharao hatte Angst vor dem immer größer werdenden Volk Israel und wollte so Abhilfe schaffen. Doch sein Plan ging nicht auf. Die Hebammen machten nicht mit. Sie fürchteten Gott mehr als den Pharao. Sie setzten lieber ihr eigenes Leben aufs Spiel, als das der Neugeborenen. Ein Hoch auf die Frauen und auf ihren Glauben an Gott. Zum Andenken an sie werden sogar ihre Namen in der Bibel erwähnt und der Nachwelt erhalten – zum Ansporn für alle folgenden Generationen. Schifra und Pua hießen sie!
Und wenn wir wegen irgendwelchen kleinen Nachteilen versucht sind auf Gottes Wahrheit zu verzichten, sollten wir bitte an diese beiden Frauen denken. Oft ist es gut, der Mehrheit oder Obrigkeit zu folgen. Wenn uns aber befohlen wird, gegen Gottes Wort zu verstoßen, müssen wir „Gott mehr gehorchen, als den Menschen" (Apostelgeschichte 5,29). Und wir werden hier ja auch an das Thema Abtreibung erinnert. Allein in Deutschland werden in dem einst sichersten Ort der Welt, im Bauch der Mutter, jährlich über hunderttausend Kinder getötet. Weltweit beläuft sich die Zahl der Tötungen auf ca. vierzig Millionen Abtreibungen jährlich. Damit ist Abtreibung eine der häufigsten Todesursachen. Wirklich eine Bilanz des Todes.
Aber berührt uns das überhaupt noch? Ich gebe zu – kaum... Ich habe mich, wie so viele, daran gewöhnt und damit abgefunden. Aber Gott nicht! Er ist ein Liebhaber des Lebens. Es bricht ihm das Herz, was wir Menschen auf seinem Planeten da treiben. Er sucht Frauen und Männer,

die für das Leben eintreten und das Wort erheben für die Ungeborenen. In Sprüche 31,8 steht: „Tu deinen Mund auf für die Stummen und für die Sache aller, die verlassen sind."
Wir sollen überlegen, was wir dieser Tötungswelle entgegensetzen können: Auf eine Demo für das Leben gehen, Antiabtreibungsinformationen weitergeben, sich über Kinder freuen, Schwangere ermutigen, sich in einer Lebensrechtsgruppe engagieren, beten. Es ist ein erster Schritt, wenn wir mit unserem himmlischen Vater über dieses Thema ins Gespräch kommen. Er wird denen, die es ehrlich meinen, einen Weg zeigen. Was dabei rauskommt wird nicht allen passen, doch Gott wird sich darüber freuen. Und ich bin gewiss, dass ich dann erfahre, was die Hebammen erlebten. Was steht da noch gleich? „Darum tat Gott den Hebammen Gutes." (Vers 20)

## 29 Rettung

*Dann wird der Herr durch das Land gehen, um die Erstgeburten der Ägypter zu töten. Wenn er das Blut an den Türbalken und den Türpfosten sieht, wird der Herr an euren Häusern vorübergehen und euch verschonen. Er wird dem Todesengel nicht gestatten, in eure Häuser einzutreten und eure Erstgeburten zu töten. 2.Mose 12,23*

Mit diesem Bibelvers dringen wir in das Geheimnis der Erlösung ein. Ägypten war gerichtsreif geworden und Gott strafte ihre Gottlosigkeit und ihren Ungehorsam, indem er in jeder Familie den zuerst Geborenen tötete.
An den Häusern der Israeliten ging das Verderben vorbei. Warum? Gott hatte ihnen geboten, ein Lamm zu schlachten und das Blut außen an die Türpfosten zu streichen. Alle, die sich in diesen Häusern befanden, wurden verschont, eben auf Grund dieses Blutes. Unser Lamm ist Jesus. Als Lamm Gottes wurde er für uns geopfert. Das heiligste, was es gibt ist sein Blut, das er am Kreuz vergossen hat. Mit diesem Blut hat er die Glaubenden freigekauft aus dem Gefängnis der Sünde, von der Macht des ewigen Todes und den Anrechten des Teufels. Er hat für unsere Schuld die Rechnung bezahlt und uns erlöst zu einem neuen Leben mit Jesus.
So ist im Neuen Testament immer wieder von diesem Blut die Rede:

- „...der uns liebt und uns erlöst hat von unsern Sünden mit seinem Blut" (Offenbarung 1,5)
- „... du hast mit deinem Blut Menschen für Gott erkauft" (Offenbarung 5,9)
- „... sie haben ihre Kleider hell gemacht im Blut des Lammes." (Offenbarung 7,14)

Alle diese Verse stehen in der Offenbarung des Johannes. Worauf vertraue ich, wenn ich vor Gott stehe? Der Missionspionier Nikolaus L. Graf von Zinzendorf betete im 18.Jahrhundert: „Christi Blut und Gerechtigkeit, das ist mein Schmuck und Ehrenkleid; damit will ich vor Gott bestehen, wenn ich zum Himmel werd´ eingehen." Kannst du das mitsprechen?
Als Charles H. Spurgeon, der bedeutende Prediger in England zu dessen Gottesdienste damals Sonntag für Sonntag Tausende kamen, am Ende gefragt wurde, was zählt, antwortete er: „Jesus starb für mich." Das reicht, das bleibt, das trägt im Leben und auch im Sterben. Worauf gründe ich mich? Auf meine Erziehung? Auf meine Kirchenzugehörigkeit? Auf meine Mitarbeit? Auf die Taufe? Oder auf das Blut von Jesus, auf das, was er für mich getan hat? Gott verschonte die Israeliten wegen dem Blut des Lammes!

## 30 Warten

*Der HERR wird für euch kämpfen, ihr aber werdet still sein.*
*2. Mose 14,14*

Vorne das Meer und im Nacken die heranrasende ägyptische Streitmacht. Das eben erst aus der Gefangenschaft befreite Volk Israel steckt in der Klemme. Angst macht sich breit. Ratlos in der Falle gerät das Volk in Panik. Was tun, wenn sich kein Weg öffnet und die Möglichkeiten zur Selbsthilfe ausgeschöpft sind? Was wird, wenn unser Leben in die Sackgasse mündet und kein Ausweg in Sicht ist?
Mose ruft dem Volk zu: Gott wird für euch kämpfen und ihr werdet still sein, bzw. untätig bleiben! Ist das nicht zu billig?
Du musst nur beten, Gott macht das schon. Verstecken sich dahinter nicht Feigheit und Bequemlichkeit? Gott macht das schon und alles kommt so, wie er es geplant hat.
So denken und leben doch die Fatalisten! Dann wird in Indien zum Beispiel gesagt, wer arm ist bleibt arm, so ist das von den Göttern beschlossen und am besten findet man sich damit ab und erträgt alles geduldig. Die Bibel verdeutlicht, dass es Situationen gibt, in und aus denen nur Gott etwas machen kann. Wir sind aufgefordert zu vertrauen und abzuwarten.
In Jesaja 30,15 steht geschrieben: Durch Stillesein und Hoffen würdet ihr stark sein. Israel erlebte, wie Gott durch Moses Stab das Meer spaltete, es hindurchgehen konnte, die Ägypter aber im Meer ertranken. Es gibt aber auch Situationen, in denen nicht angesagt ist, auf Gott zu warten und ihn alles machen zu lassen. Da sollen wir anpacken, entscheiden und losgehen.

Er wird uns dafür Weisheit und Kraft schenken, wenn wir ihn darum bitten. Fürs Christsein ist es elementar wichtig anhand der Bibel zu lernen, was Gott tut und was ich zu tun habe.
Wenn wir hier vertauschen und schaffen wollen, was nur Gott kann, werden wir resignieren. Z.B. wenn wir das Herz eines Menschen für den Glauben öffnen möchten oder den Charakter eines Menschen verändern wollen. Und wenn wir andererseits von Gott erwarten, was wir zu tun haben, werden wir passive, depressive Menschen, die nie etwas erreichen. Z.B. wenn Gott unsern Nachbarn in den Gottesdienst bringen soll, statt, dass wir ihn einladen und mitnehmen oder wenn Gott, anstelle der Eltern, Kindern Grenzen setzen soll. Vielleicht kann uns folgendes Gebet von Christoph Friedrich Öttinger in diesen Fragen eine Hilfe sein:
„Gott gebe mir die Gelassenheit, Dinge hinzunehmen, die ich nicht ändern kann, den Mut, Dinge zu ändern, die ich ändern kann, und die Weisheit, das eine vom anderen zu unter- scheiden."

## 31 Kritik

*Als aber sein Schwiegervater alles sah, was er mit dem Volk tat, sprach er: „Was tust du denn mit dem Volk? Warum musst du ganz alleine dasitzen und alles Volk steht um dich herum, vom Morgen bis zu Abend?" Sein Schwiegervater sprach zu ihm: „Es ist nicht gut, wie du das tust." 2.Mose 18,14.17*

Kritik gehört zum Leben. Kritik ist kostenlose Beratung und trägt zur positiven Persönlichkeitsbildung bei. Das musste auch Mose erfahren. Er war „betriebsblind" geworden. Von morgens bis abends standen die Israeliten bei ihm Schlange. Er sollte ihre Streitfälle und Frage lösen. Mose merkte nicht, wie er selbst unter dieser Mega-Aufgabe litt, für nichts anderes mehr Zeit hatte und wie auf der anderen Seite das Volk durch langes Warten genervt wurde. Da kam sein Schwiegervater Jithro zu Besuch, erkannte diesen Missstand und wies Mose darauf hin: „Es ist nicht gut, wie du das machst." Platzt Mose jetzt der Kragen? Fängt er nun seinerseits an, den Schwiegervater zu kritisieren? Gründe ließen sich sicher finden. Nein! Ich staune, dass der große Mose sich etwas sagen lässt. Er nimmt die Korrektur an und geht auf den Vorschlag, die Aufgabe auf die Schulter mehrerer qualifizierter Männer zu verteilen, ein.
Victor Hugo sagte: „Der letzte Beweis von Größe liegt darin, Kritik ohne Groll zu ertragen." Moses Geheimnis finden wir in 4.Mose 12,3: „Mose war ein sehr demütiger Mensch." Wer meint, keine Kritik zu benötigen, fühlt sich wie Gott, denn nur Gott ist perfekt und erhaben über alle Kritik. Von uns Menschen heißt es jedoch im Jakobusbrief, dass wir uns alle häufig verfehlen. Sicher gibt es auch Kritiksucht. Da findet dann jemand

in jeder Suppe ein Haar, weil er so lang mit dem Kopf darüber schüttelt, bis eins hineinfällt. Uns geht es aber um konstruktive Kritik. Da hat sicher auch der Kritisierende seine Herausforderungen. Stimmt die Motivation? Habe ich mich persönlich über den Sachverhalt informiert? Welcher Zeitpunkt ist der beste? Finde ich die passenden Worte? Treffe ich den richtigen Ton? Habe ich einen Lösungsvorschlag?
Fakt bleibt: wir brauchen Kritik und Korrektur. Keiner ist perfekt, wir sind alle unterwegs und können schnell vom Weg abkommen. Wenn Menschen mich kritisieren, will ich lernen, darüber nachzudenken, es vor Gott zu prüfen und wenn nötig, mich verändern zu lassen. Und auf der anderen Seite möchte ich lernen, aus großer Liebe heraus und mit viel Weisheit andere zu kritisieren. Meine Mitmenschen sind mir nicht egal.

## 32 Fürbitte

*So soll Aron die Namen der Söhne Israels in der Brusttasche auf seinem Herzen tragen, wenn er ins Heiligtum geht, zum gnädigen Gedenken vor dem HERRN allezeit.* *2.Mose 28,29*

Propheten vertraten Gott vor dem Volk. Sie verschafften ihm Gehör. Priester hingegen vertraten das Volk vor Gott, vor allem durch Opferdarbringung und Gebet. Ist uns bewusst, dass alle, die an Jesus glauben auch Priester sind? Das steht in 1.Petrus 2,9 und in Offenbarung 1,6. Unser priesterlicher Dienst besteht in der Fürbitte. Wir sollen und dürfen andere Menschen vor Gott in Erinnerung bringen und dafür eintreten, dass er ihnen hilft und ihnen gnädig ist. Fürbitte erfreut Gott und fordert ihn heraus zu handeln.
Für den Teufel ist es ein Rauchwerk, das ihm Kopfschmerzen bereitet. Aron hat die Namen in einer Tasche auf dem Herzen getragen, wenn er ins Heiligtum zu Gott ging. Ich lerne daraus: Gott möchte, dass mir die Menschen, für die ich bete, wichtig sind und am Herzen liegen. Das sind dann Menschen, über die ich nachdenke, denen ich Gutes wünsche und deren Probleme mich nicht kalt lassen. Vielleicht der ungläubige Nachbar oder die nervige Schülerin oder der kranke Arbeitskollege. Weil vom Segen Gottes alles abhängt, weil er alles kann und erfüllt ist, mit Liebe und Geduld, können wir nichts Wichtigeres tun, als beten. Vor Gott für Menschen eintreten, die den Weg zu ihm nicht kennen oder momentan nicht finden. Abraham betete für Sodom und Gomorra. Hiob am Ende für seine Freunde. Und Jesus bei der Kreuzigung für seine Feinde. Für wen betest du?
Wenn mir Menschen am Herzen liegen, werde ich immer wieder das Größte für sie tun – beten. Fürbitte ist keine Frage des Zeithabens, sondern der Liebe. Eine Gebetsliste kann eine Hilfe sein, genauso wie

das gemeinsame Beten. Jesus hat in Matthäus 18,19 versprochen: „Wenn zwei oder drei von euch hier auf der Erde darin eins werden, eine Bitte vor Gott zu richten, dann wird mein Vater im Himmel diese Bitte erfüllen." An einer anderen Stelle sagt er: „Bittet, so wird euch gegeben." Beten verbindet unsere Ohnmacht mit Gottes Allmacht. Das ist eine starke Ermutigung!
Folgender Spruch, den man sich gut merken kann, bringt es auf den Punkt: „Viererlei dich zum Beten nieder ziehe auf die Knie: Gottes Wille, Gottes Fülle, dein Gebrechen und sein Versprechen."

## 33 Nicht

*Ein Mann soll keinen Geschlechtsverkehr mit einem anderen Mann haben, denn das ist abscheulich.    3.Mose 18,23*

Gott interessiert sich nicht nur dafür, wie wir in den Himmel kommen und gerettet sind. Er interessiert sich auch für unsere Sexualität und was wir mit ihr machen. Gott hat zwei Geschlechter erschaffen – Mann und Frau. Meine Sexualität ist keine Schleuderware und kein Experimentierfeld, sondern Gottes geniale Erfindung. In der Ehe, dem von Gott gestifteten Bund und Schutzraum, darf ich lernen, sie zu meiner und meines Ehepartners Freude und Befriedigung zu leben. Sexualität, ein wunderbares Geschenk Gottes an den Menschen. Aber auch ein sehr zerbrechliches... Eine Gabe, die pervertiert werden kann und dann mehr Schaden als Freude anrichtet.
Eine Verdrehung ist die praktizierte Homosexualität, wenn Sexualität zwischen zwei Männern, bzw. zwei Frauen ausgelebt wird. So hat Gott sich das nicht vorgestellt. So hat er Mann und Frau nicht erschaffen. Gott findet das nicht gut. Nicht nur göttliche, auch logische Gründe sprechen gegen das Ausleben homosexueller Neigungen. Es passt rein physisch, anatomisch nicht gut zusammen. Da in homosexuellen Beziehungen eher ein häufiger Partnerwechsel stattfindet, ist das Risiko, sich mit Krankheiten zu infizieren, erheblich größer und die Lebenserwartung niedriger, als bei heterosexuell-orientierten Menschen. Es geht mir nicht darum, mit Steinen zu werfen. Gott hat alle Menschen lieb, und das sollen wir auch. Aber gerade, weil Gott alle Menschen liebt, möchte er in homosexuell empfindenden oder homosexuell praktizierenden Menschen Heilung ihrer Sexualität und Kraft zur Veränderung geben. Die betreffenden sind herausgefordert, Vergebung und Hilfe in Anspruch zu nehmen. Sie brauchen Ermutigung statt Verurteilung und viel Geduld, damit sie den oft langen und beschwerlichen Weg zur Befreiung durchhalten. Und wer fällt, sollte wieder aufstehen.

Ich weiß, meine Ausführungen sind nicht modern, in den Augen mancher Zeitgenossen sogar kriminell. Akzeptabel wäre zu sagen: Sei ehrlich - entdecke, erprobe deine sexuellen Veranlagungen und lebe sie aus. Gottes Wort hingegen sagt, dass praktizierte Homosexualität Gott nicht gefällt und Sünde ist. Mit diesen Ausführungen appelliere ich an die Toleranz der „Toleranten".
Sexualität ist eine weichenstellende und beglückende natürliche Kraft in uns; eine Art Ruder für unser ganzes Leben. Deshalb tun wir gut daran, sie unter Gottes Willen und Schutz zu stellen.

## 34 Alt

*Vor einem grauen Haupt sollst du aufstehen und die Alten ehren und sollst dich fürchten vor deinem Gott; ich bin der HERR. 3.Mose 19,32*

Graue Haare – die lässt man färben. Die Alten ehren – ziemlich uncool. Es möchte zwar jeder alt werden, aber alt sein wohl kaum einer. Ja, die Alten und die Jungen – ein leidvolles Thema. Oft wird gar nicht mehr miteinander geredet, und wenn, dann häufig im Streit.
Das Miteinander der Generationen war schon immer eine große Herausforderung, mit zerstörerischem Potenzial. Gott setzt dagegen, er fordert die Jüngeren auf, die Alten zu ehren. Da die älteren Menschen irgendwann nicht mehr selbst für einen liebevollen und würdevollen Umgang eintreten können, heißt es: fürchte dich vor deinem Gott. Wir sollen also nicht nur auf den älteren Menschen schauen, sondern auf Gott. Mit meinem Verhalten Alten gegenüber stehe ich vor Ihm. Er hat die vielen Lebensjahre geschenkt, das Leben der Alten steht in seiner Hand und jeder ist ihm seine ganze Liebe wert. Gott hat besonders für die Schwachen und Bedürftigen ein wachsames Auge. Für unsere Leistungsgesellschaft ist der alte und schwache Mensch nicht mehr viel wert. Er verursacht Kosten für die Renten – und Pflegekassen. Das Motto „ich leiste, also bin ich", führt unser Leben Jahr für Jahr dem Bankrott näher. Wer allerdings seinen Wert bei Jesus Christus findet, lebt nach einem neuen Motto: „Ich bin geliebt, also bin ich!" Diese Liebe bleibt bis zum Schluss und macht dauerhaft wertvoll. Egal, wie alt oder jung jemand ist; egal, wieviel man leisten kann und egal, wieviel man braucht. Die Alten benötigen die Jungen und die Jungen brauchen die Alten. Wenn sie auseinandergehen, verlieren die Alten die Kraft der Jungen und die Jungen die Erfahrung der Alten. Was wäre nicht alles möglich, wenn Alt und Jung die Zukunft gemeinsam gestalten?! Alles nicht so einfach, denkt sich so mancher. Stimmt. Familiäre oder kulturelle Verbundenheit allein reicht auf Dauer nicht aus. Wir brauchen eine neue gemeinsame Mitte, die verbindet und hält. Kein Hobby oder

Haus, sondern Jesus – der Glaube an ihn. Im letzten Vers des Alten Testamentes heißt es erwartungsvoll: „... der soll das Herz der Väter bekehren zu den Söhnen und das Herz der Söhne zu den Vätern." So kann es werden, wenn sich beide in, unter und bei Jesus treffen.

## 35 Aber

*Aber stark ist das Volk, das darin wohnt, und die Städte sind befestigt und sehr groß; und wir sahen dort auch Anaks Söhne. 4. Mose 13,28*

Wir haben unsere „Wenn" und „Aber".
„Aber" ist ein kleines Wort mit großer Wirkung.
Es schwächt die ihr vorausgehende Aussage ab, stellt sie in Frage oder hebt sie sogar auf.
In der Bibel gibt es ein „aber" des Glaubens und ein „Aber" des Unglaubens. Die von Mose ins verheißene Land Kanaan ausgesandten Kundschafter kehren zurück und berichten, dass alles so ist, wie Gott es verheißen hat. Wirklich ein Land, in dem Milch und Honig fließt. Doch dann setzen zehn von ihnen ihr „Aber".
*Aber* das starke Volk im Land, *aber* die stark befestigten Städte, *aber* die Riesen dort, usw. Plötzlich wird Gottes Verheißung, das Land einnehmen zu können, ganz klein. Sie bekommen Angst, das Volk Israel fängt an zu murren und weigert sich, das verheißene Land in Besitz zu nehmen. Na Prima. Auf der einen Seite sagen wir, Gott hat recht, alle Verheißungen stimmen, doch dann kommt unser „Aber", das „Aber" des Unglaubens, welches die vorausgehenden Zusagen aufhebt.
Gott hat mich lieb, *aber*...; Jesus ist immer bei mir, *aber*...; Jesus sorgt für mich, *aber* ...; Gott macht keine Fehler, *aber*... Am Ende kommen dabei Christen raus, welche die ganze Bibel für wahr halten, aber sich im alltäglichen Leben nicht darauf einlassen.
Ganz anders ist es mit dem „Aber" des Glaubens. Hier setzen wir den Problemen und offensichtlichen Widrigkeiten ein glaubensvolles „Aber" entgegen.
In Psalm 93 finden wir ein solches „Aber". „Die Wasserwogen im Meer sind groß und brausen mächtig; *aber* der Herr ist noch größer in der Höhe."
Oder denken wir an Petrus, den Jesus am helllichten Tag zum Fischen auf den See rausschickt. Er sagt: „Meister, wir haben die ganze Nacht gearbeitet und nichts gefangen; *aber* auf dein Wort will ich die Netze auswerfen."
Wo setzen wir unser „Aber"? Hinter Gott oder hinter den Widerständen und Sorgen des Lebens?

Die zehn Kundschafter damals wurden für das Volk zu Miesmachern und verhinderten durch ihr „Aber“ die Landeinnahme. Die zwei anderen Kundschafter, Josua und Kaleb waren Mutmacher. Sie sagten zum Volk: „Das Land, das wir durchzogen haben, um es zu erkunden, ist sehr gut. Wenn der Herr uns gnädig ist, wird er uns in dieses Land bringen und es uns geben, ein Land darin Milch und Honig fließt.“ Doch es war zu spät. Der Bazillus des Unglaubens hatte sich schon in den Herzen eingenistet.

## 36 Vertrauen

*Und Mose machte eine Schlange von Bronze und tat sie auf eine Stange; und es geschah, wenn eine Schlange jemanden gebissen hatte und er schaute auf zu der ehernen Schlange, so blieb er am Leben. 4.Mose 21,9*

Während der vierzig Jahre Wüstenzeit versorgte und beschützte Gott sein Volk Israel. Aber, typisch Mensch, wenn es mal wieder anders kam, als sie es sich vorstellten, wurde geschimpft und gegen Mose und Gott rebelliert.
Irgendwann hatte Gott dann auch mal genug, das Maß war voll. Zur Strafe schickte er giftige Schlangen unters Volk. Viele wurden gebissen, viele starben. In ihrer Not schrien sie zu Mose und der bekam von Gott die Anweisung, eine Schlange aus Metall anzufertigen und sie für alle sichtbar hoch aufzustellen. Wer nun gebissen wurde und die Schlange ansah, war gerettet und musste nicht sterben.
Eine Schlange, die gegen Schlangengift helfen sollte. Ich stelle mir vor, dass nicht alle auf dieses Angebot eingingen. Vielleicht versuchten es die einen weiterhin mit ihren eigenen Mittelchen... und starben. Die anderen hielten diese paradoxe Lösung einfach für lächerlich... und starben. Wer aber vertraute und hinschaute, wurde gerettet. Im Neuen Testament, Johannes 3,14, bezieht Jesus diese Geschichte auf sich.
Dort am Kreuz ist die „Schlange“ von Gott gerichtet, die Sünde gestraft, im unschuldigen Sohn Gottes. Er ist sozusagen zur Schlange gemacht worden, um das Schlangengift zu vernichten. Oder ist, wie es Paulus in 2.Korinther 5,21 ausdrückt, für uns zur Sünde gemacht worden. Wir sind aufgefordert, vertrauensvoll auf Jesus zu schauen. Dann ist die Kraft der Sünde gebrochen und wir erfahren Vergebung und Sieg.
Deshalb: Nimm die Sünde in deinem Leben sehr ernst. Jakobus schreibt in seinem Brief, dass sie am Ende den Tod gebiert. Und dann nimm Jesus noch viel ernster. Blicke voll Vertrauen auf ihn und seinen stellvertretenden Tod am Kreuz.
Das Ganze ist nicht leicht zu verstehen. Aber ich sage dir, die Kraft des Kreuzes erschließt sich nicht im Verstehen, sondern im Vertrauen. Für

den Ungläubigen ist das Kreuz eine Torheit – für den Gläubigen Gottes Kraft. Blickwechsel ist angesagt. Weg von mir, meinem Versagen, meiner Schuld, hin zu Jesus. Was ich ansehe, spiegelt sich in meinem Leben wider. David ermutigt uns in Psalm 34,6, indem er sagt: „Die auf ihn sehen werden strahlen vor Freude.“

## 37 Getragen

*Ihr habt erlebt, wie der Herr, euer Gott, euch den ganzen langen Weg durch die Wüste bis hierher getragen hat, wie ein Vater sein Kind trägt. 5. Mose 1,31*

Wer noch selbst Auto fahren kann, darf sich frei fühlen und solange jemand noch selbst gehen kann, ist er unabhängig von anderen. Wer gefahren oder getragen werden muss, ist auf andere angewiesen und verliert seine Selbstständigkeit. Wir wissen, getragen werden die Schwachen oder die Alten. Für Kinder jedoch ist es herrlich, auf Papas Schultern zu sitzen.
Israel konnte während der langen Wüstenwanderung immer wieder erfahren, dass Gott sein Volk, seine Kinder getragen hat – auf den Schultern, aber auch auf dem Herzen. Gott hat sein Volk nicht aus Ägypten befreit und dann gesagt: „Seht, wie ihr durchkommt.“ Nein! Er hat die ganze Wegstrecke für seine Leute gesorgt. Sicher waren die Israeliten herausgefordert, ihr Bestes zu geben, zu kämpfen, zu laufen. Aber rückblickend auf die schwere Zeit galt es, das Geheimnis hinter dem Durchhalten zu entdecken: Von Gott getragen, wie ein Papa seinen Sohn trägt.
Wenn ich Jesus gehöre, gilt das auch für mich. Auch, wenn ich es nicht spüre oder erlebe, es bleibt dabei: Mein Vater im Himmel trägt mich! Diese Gewissheit hilft mir, im Glauben durchzuhalten. Da ist eine starke Hand unter mir, die trägt und erträgt – deshalb vertraue ich. Sicher, wenn Gott trägt, trägt er dahin, wo er hinwill. Aber lasst uns daran denken, dass er unser Vater im Himmel ist und der meint es gut mit uns. Er wird nicht immer das tun oder geben, was wir wünschen, aber auf jeden Fall das, was wir brauchen! Wenn Gott uns trägt, dann liegt die Last bei ihm. Meine Schuld, mein Versagen hat er getragen und sie hat ihm Mühe bereitet. Weiter bin ich eingeladen, meine Sorgen auf ihn zu werfen. Er nimmt sie auf sein Herz und macht Chefsache daraus.
Wenn Gott mich trägt, bin ich gerne bereit, meine Selbstständigkeit oder meinen Stolz aufzugeben. Es ist keine Schande, sich tragen zu lassen oder Hilfe in Anspruch zu nehmen. Gott, unser Vater, hat breite Schultern und ein großes Herz; da ist Platz für uns alle! Am Schluss wird auch über unserem Leben stehen, was in 5.Mose 2,7 geschrieben steht:

„Er hat dein Wandern durch diese große Wüste auf sein Herz genommen."

# 38 Ganz

*Und du sollst den Herrn, deinen Gott, lieben mit deinem ganzen Herzen und mit deiner ganzen Seele und mit deiner ganzen Kraft.* *5.Mose 6,5*

In punkto Liebe gibt es bei Gott keine Kompromisse. Seine Liebe ist vollkommen und steht am Anfang unserer Gemeinschaft mit ihm.
„So sehr hat Gott die Welt geliebt, dass er seinen einzigen Sohn dahingab..." (Johannes 3,16) und „Darin besteht die Liebe: nicht, dass wir Gott geliebt haben, sondern dass er uns zuerst geliebt hat und gesandt hat seinen Sohn zur Versöhnung für unsere Sünden." (1.Johannes 4,10). Und nun möchte Gott, dass wir ihn auch lieben. Es ist ihm so wichtig, dass er diesen Wunsch mehrmals im neuen Testament wiederholt. Ihn lieben – von ganzem Herzen – von ganzer Seele – mit all deinen Kräften, darin erfüllt sich das Gesetz Gottes. Gott ist in sich selber reich und herrlich und trotzdem „fehlt ihm was". Mein Herz, meine Kraft, mein Leben, eben meine Liebe. Die ist ihm ganz wichtig! Genauso wie ein halber Christ, so ist auch eine halbe Liebe ein ganzer Unsinn. Liebe ich Gott? Und wenn ja, wo steht er auf der Liste der geliebten Dinge meines Lebens?
Ich persönlich ringe immer wieder um folgende Prioritätenlisten: Gott – Frau – Kinder – Arbeit. Wenn ich die Reihenfolge mische, gerät mein Leben aus den Fugen und Gott wird nicht geehrt. Wenn aber Jesus die Nummer 1 ist und ich zuerst nach seinem Reich und seiner Gerechtigkeit strebe, ergeben sich die anderen Dinge auf gute Weise. Oft verwechsle ich die Liebe Gottes mit der Liebe zu dem, was er mir gibt. Wenn es dann mal anders kommt, ist schnell „saure Gurkenzeit" angesagt. Eine Liebe, die bei der ersten Enttäuschung schon aufhört? Nein, es geht doch um die Person, um Gott selbst. Er ist der Schöpfer, er ist herrlich, er ist mein Vater, er ist die Liebe. Unser Leben reicht nicht aus, um auch nur annähernd den Reichtum Gottes zu entdecken! Gott lieben ist mehr als ein Gefühl. Es geht um Hingabe an ihn und seinen Willen. Eine Liebe, die sich auch im Gehorsam zeigt. Jesus sagt in Johannes 14,23: „Wer mich liebt, der wird mein Wort halten." Ganz praktisch und im Alltag zeigt sich die Liebe zu Gott. Deshalb: Wenn Gott wissen will, wie sehr ich ihn liebe, fragt er nicht mich, sondern meinen Nächsten. Gott lieben! Da möchte ich beten wie Augustinus: „Herr, gib mir, was du gebietest und dann gebiete, was du willst."

## 39 Kriterien

*Nicht hat euch der HERR angenommen und euch erwählt, weil ihr größer wäret, als alle Völker – denn du bist das kleinste unter allen Völkern. 5.Mose 7,7*

Welche Hose kaufe ich? Wo verbringe ich den Urlaub? Die Ferien? Welchen Arzt nehme ich? Was mache ich nach der Schule? Welcher Partner passt am besten zu mir? Wenn ich wähle, mache ich mir vorher Gedanken. Ich will die beste Wahl treffen. Natürlich soll dabei für mich möglichst viel rausspringen – zum niedrigen Preis. Ich suche meinen Vorteil. Dass ich dabei hinterher oft klüger bin als vorher, ist eine andere Sache.
Von Gott heißt es: Er hat mich gewollt, er will mich, er hat mich ausgewählt. Halleluja, Amen!
Gott sucht nicht das Liebenswürdige, sondern er schafft es, indem er liebt – bedingungslos.
Wie bei seinem Volk Israel im Alten Testament so bleibt Gott auch bei mir seinem Motto treu: „... und das Geringe vor der Welt und das Verachtete hat Gott erwählt, das, was nichts ist..." 1.Korinther 1,28. Gott hat bei mir sein Kreuz gesetzt. Jesus starb für mich! Darin bin ich geliebt, wertvoll und gewählt. Von Gott! Übrigens Du auch! Eine Liebe, die durch den Heiligen Geist über mich ausgeschüttet ist (Römer 5,5). Eine Liebe, die durch mich auf andere übergeht. Nach der Devise: Wie Jesus mir, so ich dir. Die Bibel nennt diese Liebe *Agape* – göttliche Liebe. In ihr liegt das Geheimnis der göttlichen Wahl! Da bleibt nur noch eines übrig für heute – nämlich „Danke" sagen!

## 40 Gefährlich

*Niemand aus eurem Volk darf seinen Sohn oder seine Tochter durchs Feuer gehen lassen, Wahrsagerei oder Zauberei treiben, Omen deuten, hexen, andere mit einem Bann belegen, als Medium auftreten oder Tote beschwören und befragen. 5.Mose 18,10+11*

Spiel nicht mit dem Feuer! Lass die Finger davon, Gott hat es verboten! Und das aus gutem Grund.
Hinter okkulten Praktiken steckt der Teufel. Er ist gerissen und versucht, eine teuflische Antwort auf die Bedürfnisse der Menschen zu geben und sie unter seine Herrschaft zu bekommen.
Traumfänger, Hufeisen, Talismänner, Maskottchen für unser Bedürfnis nach Schutz und Glück. Magische Steine, Geistheilung, Reiki, Yoga für unser Verlangen nach Hilfe und Heilung. Horoskope, Wahrsager,

Gläserrücken, Tarotkarten, Spirituismus für unser Bedürfnis nach Wissen.

Zum Glück haben wir das alles gar nicht nötig. Wir haben Jesus und der sorgt bestens für seine Anhänger. Er schenkt mir Bewahrung und macht mich glücklich. Von ihm kann ich Hilfe und Heilung erwarten. Er hält meine Vergangenheit, Gegenwart und Zukunft in seiner Hand.

Das Böse fasziniert und zieht diejenigen, die sich damit beschäftigen in seinen Bann. Deshalb muss ich mich gar nicht erst mit diesen Dingen beschäftigen, um sie zu verstehen oder zu prüfen, ob sie wirklich gefährlich sind. Ich darf auf Gottes Wort vertrauen, mich warnen lassen und den guten Dingen des Lebens zuwenden.

Und wer schon einmal näher mit Okkultismus, Aberglaube und Esoterik zu tun hatte oder noch drinsteckt, soll wissen, dass Jesus gekommen ist, wie Johannes schreibt, um die Werke des Teufels zu zerstören. Wer ihm seine Schuld bekennt und um Befreiung bittet, erfährt, was in Johannes 8,36 steht:

„Wenn euch der Sohn freimachen wird, so werdet ihr recht frei sein."

Ein großartiges Versprechen. Letztendlich brauchen wir uns nicht zu fürchten, denn Jesus, der in uns ist, ist größer als der, der in der Welt ist.

## 41 Anziehend

*Eine Frau darf keine Männerkleidung tragen und ein Mann soll keine Frauenkleidung anziehen. Der Herr, euer Gott, verabscheut Menschen, die das tun. 5.Mose 22,5*

Kleider machen Leute. Ob beim Militär, in der Schule, auf der Bühne oder bei der Arbeit – das gilt überall. Und was ich anziehe, geht keinen was an. Hauptsache die Marke stimmt und das Portemonnaie gibt noch was her. Sind wir da wirklich so frei? Bestimmen nicht bewusst gesteuerte Modetrends und irgendwelche Vorbilder oder Gruppenzwänge unseren Geschmack und unsere Einkäufe?

Und sogar Gott will da ein Wörtchen mitreden. Er interessiert sich nicht nur für unser Innenleben, sondern auch für das, was wir drüberziehen, für unser Outfit. Mit seiner Kleidervorschrift will er nicht einengen oder Spaß verderben. Er möchte nur, dass jeder zu seinem Geschlecht steht und er will uns schützen. Frauen sollen keine Männerkleidung anziehen und Männer keine Frauenkleidung. So einfach ist das. Dabei geht es nicht um Röcke oder Hosen. Damals hatten in Israel alle Kleider an. Nur die Kleider der Männer waren körperanliegend und die der Frauen weiter, verhüllender. Wenn die Frau zu enge oder sehr kurze Kleidung trägt, egal ob Hose oder Rock, begibt sie sich in Gefahr. Manche lieben diesen Kitzel und fühlen sich durch die Blicke der Männer geschmeichelt.

Die aber belassen es nicht immer beim Hinsehen... Frauen sind reizend, so hat Gott sie gemacht, aber aufreizend ist ein Schritt über die gottgezogene Linie hinaus. Kleidung ist wichtig, aber Schönheit kommt von woanders her. Petrus schreibt in seinem Brief: „Macht euch keine Sorgen um äußere Schönheit, die auf modische Frisuren, teuren Schmuck oder schönen Kleidern beruht. Eure Schönheit soll von innen kommen – das ist die unvergängliche Schönheit eines freundlichen und stillen Herzens, das Gott so sehr schätzt." (1.Petrus 3,3-4).
Unser Makeup, unsere Kleidung kann auf Dauer nicht über unseren inneren Zustand hinwegtäuschen. Wahre und bleibende Schönheit kommt nun mal von innen. Und wenn dann noch die Kleidung passt – was will man mehr! Und da Schönheit bekanntlich im Auge des Betrachters liegt, bist du bestimmt für irgendjemanden der oder die Schönste.

## 42 Gerne

*Weil ihr dem Herrn, eurem Gott, trotz eures Wohlstands nicht fröhlich und dankbar gedient habt, müsst ihr euren Feinden dienen, die der Herr gegen euch geschickt hat. 5.Mose 28,47.48a*

Ist Gott denn nie zufrieden? Kann er nicht froh sein, dass sein Volk ihm überhaupt dient? Dazu hatte er es doch aus der ägyptischen Sklaverei befreit. Und jetzt passt was nicht. Ich kann Gott verstehen. Wenn mir ein Freund beim Autoreparieren hilft und er das genervt und mit mürrischem Gesicht tut, fühle ich mich verletzt und würde die Arbeit am liebsten alleine machen. Hier sind wir empfindlich und wünschen, dass man uns gerne hilft, am besten mit guter Laune.
Nun ist es Gott allemal wert, dass wir ihm gerne gehören und mit fröhlichem und dankbarem Herzen dienen. Einfach, weil er Gott ist und diese Haltung ihm gemäß ist. Einfach, weil er mich liebt und so viel Gutes für mich getan hat. „Dienet dem Herrn mit Freuden, kommt vor sein Angesicht mit Frohlocken", werden wir in Psalm 100 aufgefordert. Mit weniger gibt sich Gott nicht zufrieden. Es ist ein Vorrecht und eine Ehre für uns, ihm dienen zu dürfen. Und es ehrt Gott, wenn wir es gerne tun.
Er hat uns befreit von jenem Sklaventreiber, der uns zu Tode schinden würde. Befreit vom Diktat des Ego, befreit von der Herrschaft der Sünde in unserem Leben, ja, letztlich befreit vom Zügel des Teufels. Wenn auch oft verborgen, so stimmt doch, was Martin Luther sagte: „Der Mensch wird entweder vom Teufel oder von Gott geritten."
Wir sind befreit, Gott zu dienen und das mit fröhlichem Herzen. Oft sehe ich nur die Menschen, mit denen ich zu tun habe oder mich erdrücken

die Aufgaben. Da hilft mir folgender Bibelvers aus Epheser 6,7: „Tut eure Arbeit fröhlich, weil ihr sie eigentlich nicht für Menschen tut, sondern für den Herrn."
Diesen Durchblick möchte ich trainieren und behalten. Und wenn mir das Herz schwer wird oder andere Herren an mir zerren, will ich laut singen, was Johann Jakob Rambach in einem Lied ausdrückt:
„Der Herr ist gut, in dessen Dienst wir stehn; wir dürfen ihn in Demut Vater nennen."

## 43 Auftanken

*David aber stärkte sich in dem HERRN, seinem Gott, …*
*1. Samuel 30,6b*

„Kopf hoch- alles nur halb so schlimm- wird schon wieder- reiß dich zusammen." Parolen, die meistens ins Leere greifen und nur wenig hilfreich sind! Wenn es wirklich eng wird im Leben, können wir solche Appelle nicht gebrauchen. David wählte einen anderen Weg.
Er stärkte sich in dem Herrn, seinem Gott! David befand sich in einer sehr heiklen Situation. Als er nach einer Exkursion mit seinen Männern zurückkehrte nach Ziklag, fanden sie ihre Stadt zerstört und verbrannt vor. Die feindlich gesonnenen Amalekiter nutzten die Abwesenheit der Männer und verschleppten obendrein auch noch ihre Frauen und Kinder. Nun war das Geschrei groß! Die Männer waren verbittert und außer sich vor Wut. Und wie es dann oft der Fall ist, suchten sie nach einem Sündenbock und fanden ihn in David. Es fehlte nicht viel und die eigenen Leute hätten ihn gesteinigt. Und David?
*Er stärkte sich in dem Herrn, seinem Gott!*
Ich hätte gerne gewusst, wie er das mit dem *„stärkte sich in dem Herrn"* gemacht hat. Wir wissen es nicht genau, aber andere Bibelstellen zeigen, wie wir in schwierigen Situationen gestärkt werden können.
In 1. Samuel 23,16 lesen wir: „Da machte sich Jonathan, Sauls Sohn auf und ging zu David nach Horescha und stärkte sein Vertrauen auf Gott." Gott schickt und gebraucht also andere Leute, um uns zu stärken und unser Vertrauen auf ihn neu zu entfachen.
In Psalm 138,3 heißt es: „Wenn ich dich anrufe, so erhörst du mich und gibst meiner Seele große Kraft." Hier werden wir durch Gebet und Gebetserhörungen gestärkt.
In Psalm 119,28 steht: „Ich gräme mich, dass mir die Seele verschmachtet; stärke mich durch dein Wort." Gott wird uns durch sein Wort Kraft schenken.
Und in 2. Timotheus 4,17 schreibt Paulus: „Der Herr aber stand mir bei und stärkte mich, damit durch mich die Botschaft ausgebreitet würde und

alle Heiden sie hörten, so wurde ich erlöst aus dem Rachen des Löwen.“ Paulus wurde unmittelbar von Gott gestärkt.
Wir sehen, dass Gott verschiedene Möglichkeiten hat, uns in krisenreichen Zeiten zu stärken und zu ermutigen. Wichtig ist, dass ich mich an ihn wende und so neue Kraft empfange im Vertrauen auf meinen Herrn.

## 44 Weitersagen

*Schließlich sagten sie zueinander: »Wir handeln nicht richtig, wenn wir die gute Nachricht dieses Tages nicht weitersagen. Wenn wir bis morgen warten, machen wir uns schuldig. Kommt, gehen wir zurück und erzählen es im Palast des Königs.« 2. Könige 7,9*

Das Ganze ist über 2700 Jahre her. Wir befinden uns im Alten Testament. Die Stadt Samaria wird seit vielen Monaten von einem syrischen Kriegsheer belagert. Die Menschen in der Stadt haben keine Vorräte mehr. Der Hungertod nagt an ihnen. Es kann sich nur noch um Tage handeln und alles ist verloren. Blickwechsel: Vor dem Tor der Stadt leben vier aussätzige Männer. Sie treffen eine Entscheidung. „Wenn wir in die Stadt gehen, verhungern wir. Bleiben wir hier, werden wir auch sterben. Also lasst uns ins feindliche Lager der Syrer gehen. Töten sie uns, was soll's, wir sterben sowieso, lassen sie uns aber leben, haben wir zu Essen.“ Und dann die große Überraschung: Die Syrer sind geflohen und haben alles zurückgelassen. Gott hat sie erschreckt und dadurch vertrieben. Unsere vier Aussätzigen schlagen sich die Bäuche voll. Sie essen und trinken nach Herzenslust. Danach beginnen sie, die Vorräte und Wertgegenstände aus den Zelten zusammenzutragen und zu verstecken. Doch plötzlich schlägt ihnen ihr Gewissen und sie schauen einander an: Wir haben, wir wissen, wir häufen an und die Menschen in der Stadt verhungern. Vielleicht sind sie morgen schon tot. Wir werden schuldig, wenn wir es nicht weitersagen, was hier passiert ist und dass es für alle genug zu essen gibt. Und so machen sie sich auf den Weg. Der Liederdichter Manfred Siebald formuliert in einem Lied treffend: „Wer das Wasser in der Wüste kennt und es verschweigt, der ist schuld, wenn Sterbende es übersehn. Wer im Moor die festen Wege kennt und sie nicht zeigt, der ist schuld daran, wenn andre untergehn.“ Wissen verpflichtet, Haben stellt uns in die Verantwortung denen gegenüber, die nicht haben. So ist es auch mit der guten Nachricht von Jesus. So viele Menschen warten darauf, bewusst oder unbewusst. Und wir können ihnen erzählen von Gottes Liebe, Rettung, Vergebung und ewigem Leben. Ich möchte diesen Schatz der guten Nachricht nicht

verstecken oder vergraben wie der eine Mann, über den Jesus im Gleichnis „Von den anvertrauten Gaben“ erzählte.
Mein Leben soll kein Grab, keine Einbahnstraße, keine Endstation seiner Liebe werden, sondern ein Kanal zu anderen. Das Tote Meer in Israel empfängt ständig frisches Wasser aus dem Jordan. Aber es ist tot, weil es kein Wasser weitergibt. Dagegen ist der See Genezareth ein lebendiges Wasser, voller Fische und so eine wichtige Nahrungsgrundlage für die Region. Warum? Er empfängt nicht nur Wasser, sondern gibt Wasser weiter und speist dadurch den Jordan. Als man Petrus und Johannes im Verhör verboten hatte, weiter von Jesus zu reden, antworteten sie: „Wir können es nicht sein lassen, von dem zu reden, was wir gesehen und gehört haben“.
Und ich, ich kann es sehr gut sein lassen. Es fällt mir so schwer, außerhalb von Kirchenmauern und frommen Kreisen von Jesus zu reden. Was wir brauchen ist die Kraft des Heiligen Geistes. Und die hat Jesus uns versprochen und wir können ihn darum bitten. Und ich möchte an Jesus denken, der für uns alles hergegeben hat, ja der für uns „arm“ wurde, damit wir durch ihn „reich“ werden. S
ollte ich da nicht meine Bequemlichkeit, meine Menschenfurcht und meinen Stolz sausen lassen? Sollte ich nicht anderen von ihm erzählen können, ihnen sagen, dass es Rettung gibt? Ihnen sagen, dass der Tod nicht das letzte Wort hat, dass Jesus lebt und nur darauf wartet, dass wir in sein Angebot einschlagen? Am besten heute noch und auch dann noch, wenn Menschen anfänglich drüber lächeln. Wenn wir es nicht weitersagen, wer dann?

## 45 Wiederkäuen

*„..., sondern seine Lust hat am Gesetz des HERRN und über sein Gesetz sinnt Tag und Nacht...“ Psalm 1,2*

Schnell, schneller am schnellsten. Wir leben in einer rasanten Zeit. Die Frequenzen steigen, die Abwechslung muss zunehmen und der Markt der Genüsse sollte bitte ständig Neues präsentieren. Sonst wird es schnell langweilig. Die Mode von heute landet morgen schon im Altkleidercontainer. Und wer an der Kasse mehr als vier Leute vor sich hat, fängt an zu schimpfen und ruft nach dem Personal für die andere Kasse. Da möchte man doch der Langsamkeit eine Lanze brechen. Entschleunigung! Ausschließlich, bewusst, langsam, intensiv ... Da hat man mehr davon und bleibt nicht an der Oberfläche der Dinge hängen. Wie oft sollen wir noch mal einen Bissen kauen? Und beim Telefonieren sollen wir nicht auch schon gleichzeitig das Nächste tun, etwa Kinder ins Bett bringen. Am besten immer eins nach dem anderen, sonst kriegen

wir die Hauptsache nicht mit, unsere Seele kommt nicht mehr hinterher und letztlich sind wir völlig überladen und ohne Tiefgang. Das ist bedenklich, nicht nur für Schiffe.
Und wie ist es, wenn du die Bibel liest. Schnell, flüchtig, mal eben streifen oder hältst Du an, bewegst das Gelesene im Herzen, lässt es an dir wirken, dich verändern? Kannst du warten, bis sich dir das Wort „aufschließt"? Die Bibel kennt eine Art „verweilendes Lesen". Wir finden es in Psalm 1. Dort erfahren wir, wie der Psalmbeter über Gottes Wort Tag und Nacht nachsinnt. Das hebräische Wort an dieser Stelle (chagah) heißt so viel wie murmeln. Es kann auch das knurren eines Löwen über einer Beute bezeichnen. Auf jeden Fall handelt es sich um ein Lesen, bei dem die Stimme des Lesenden dabei ist. Die Worte werden bewusst langsam und mit halblauter Stimme gesprochen. Wenn wir Gottes Wort „wiederkäuen" erschließt sich uns seine Wirkung. Der flüchtige Leser geht leer aus! Martin Luther spricht dazu wie folgt:
*„... das buchstabische Wort im Buch immer neu treiben und reiben, lesen und wiederlesen, mit fleißigem Aufmerken und Nachdenken, was der Heilige Geist damit meint."*
Mach mal langsam, auch beim Lesen in der Bibel. Vielleicht will Gott dir etwas sagen und du könntest es überhören? Wäre doch schade, oder?

## 46 Klagen

*HERR, wie lange willst du mich so ganz vergessen? Wie lange verbirgst du dein Antlitz vor mir? Wie lange soll ich mich in meiner Seele sorgen und mich täglich in meinem Herzen ängstigen? Wie lange soll sich mein Feind über mich erheben? Psalm 13,2-3*

Wie lange noch? Und er fragt das gleich viermal. Tatsächlich, es gibt nicht nur Lob- und Dankpsalmen, sondern auch Klagepsalmen. Die Bibel ist ehrlich und dazu gehört eben auch das Klagen. Es geht uns nicht immer gut. Wir durchleben Zeiten, in denen uns zum Weinen zumute ist und wir sollten es auch tun. Zum Glauben gehören auch Anfechtungen, Verluste, Leid, Enttäuschungen und manchmal auch Zweifel. Wenn einer seine Lebenssituation nicht mit seiner Vorstellung von Gott und nicht mit seinen bisherigen Erfahrungen zusammenbringt, was dann? Wir dürfen mit unseren Fragezeichen und Klagen zu Gott kommen. Er läuft nicht davon, er wird nicht sauer. Gott hält viel mehr aus als wir. Im Buch Hiob wird viel geklagt. Fast in jedem Kapitel. Und Gott, der alles hört und sieht, meldet sich erst im Kapitel vierzig zu Wort. Er kann zuhören, ertragen und eben auch warten. Die Bibel ermutigt uns, unser Herz vor ihm „auszuschütten". Vor ihm sind wir wie ein aufgeschlagenes Buch. Er kennt uns durch und durch. Ihm können wir sowieso nichts vorspielen. Er freut sich, wenn wir vor ihm ehrlich werden und so reden oder schweigen, wie es uns eben zumute ist. Klagen kann sehr weit gehen und sogar die Grenze zum Anklagen überschreiten. Der Prophet Jeremia wünschte, nie geboren zu sein: „Warum bin ich doch aus dem Mutterleib hervorgekommen, wenn ich nur Jammer und Herzeleid sehen muss und meine Tage in Schmach zubringe?“ (Jeremia 20,18). Vielleicht sagst du, wir sollen *Wozu* fragen aber nicht nach dem *Warum*. Doch selbst Jesus schrie in größter Not, am Kreuz: „Mein Gott, mein Gott, warum hast du mich verlassen?“ Die Warum-Frage geht tief, tiefer, sie zielt auf das Herz Gottes und fragt nach seinem Wesen. Warum rührt Gott sich nicht? Ist ihm mein Ergehen egal? Warum geht es den Gottlosen so gut? Warum ist dieses Unglück über mich gekommen? Klagen kann eine heilsame Wirkung haben. Wer aber das klagende Gebet überspringt, landet im Jammern und das wird gottlos und endlos. Der Psalmbeter hingegen hat sich durchgeklagt, seine Seele freigeklagt. So lange, bis er bei Gott wieder Mut und Hoffnung fand. Obwohl er „seine Felle noch nicht im Trockenen hatte“, bekannte er, vielleicht mit zitternder Stimme: „Ich aber vertraue darauf, dass du so gerne hilfst. Ich will dem Herrn singen, weil er mir Gutes getan hat“ (Vers 6). Ich lerne, manchmal ist der Weg zum Singen und Loben etwas länger. Er führt durch das Klagetal. Ich will diesen Weg auf mich nehmen. Denn ich möchte echt glauben.

## 47 Anschauen

*Die auf ihn sehen, werden strahlen vor Freude,* *Psalm 34,6*

Ich hörte von einer Schlangenart, die bei der Beutejagd besonders raffiniert vorgeht. Sie betreibt kaum einen Aufwand. Sie sucht die Aufmerksamkeit des Tieres, den Blickkontakt und hypnotisiert dann das Kaninchen mit seinen Augen, so lange, bis es in ihr aufgesperrtes Maul hüpft. Und schon fertig: Guten Appetit! Das stimmt, was ich fixiere, gewinnt Macht über mich. Was ich anschaue, verwandelt mich. Auf Dauer werde ich ein Spiegelbild dessen, was ich betrachte. Also pass auf, was du anschaust. Wer auf sich selbst schaut und fixiert ist, lebt im Pendelschlag zwischen Selbstzufriedenheit, Stolz und Verachtung, Minderwertigkeitsgefühl. Wer auf die Umstände blickt, erntet schnell Verzagen und Niedergeschlagenheit. So erging es damals auch König David, der sich in Lebensgefahr befand und zuerst auf die Bedrohung sah. Doch dann wagte er den Blickwechsel. Weg von sich und den Schwierigkeiten, hin auf seinen Gott. Viele würden jetzt von Realitätsverlust sprechen, die Bibel nennt das aber Vertrauen, Glauben. Wer *alles* von Gott erwartet, ist im höchsten Maße Realist. Denn er begreift den Ernst der Lage, die eigene Unzulänglichkeit und die Größe

Gottes. Die auf IHN sehen, das heißt für mich, auf Jesus schauen. Er ist der Anfänger und Vollender des Glaubens. Im Neuen Testament schreibt Paulus den Christen in Galatien, wie er ihnen Christus, den Gekreuzigten vor Augen gemalt habe (Galater 3,1). Was für ein Bild. Christus der Gekreuzigte! Wenn ich da hinschaue, bin ich vielleicht zuerst erschrocken. Aber dann finde ich Frieden und Freude. Er starb dort für mich. Dort hat er die Brücke geschlagen zum himmlischen Vater. Wir dürfen seine Kinder sein. Wenn mein Gewissen mich anklagt; dort finde ich Ruhe. Wenn Menschen mir Leid zufügen; dort finde ich Trost in noch größeren Wunden. Wenn ich versage und mich nicht ausstehen kann; dort finde ich Annahme und ewige Liebe. Dieser Blick, diese Faszination verändert mein Leben. Seine bedingungslose Liebe macht mich froh und lässt mich strahlen vor Freude. Diese Freude ist nicht selbstgemacht, sondern Reflektion! Ich las folgenden Satz: „Dein Geburtsdatum zeigt, wie alt du bist, dein Gesicht, wie du gelebt hast." Ich denke, da ist was dran. Wer auf IHN schaut, wird strahlen vor Freude! Im zweiten Korintherbrief 3, 18 steht: „Wir alle aber stehen mit unverhülltem Gesicht vor Gott und spiegeln seine Herrlichkeit wider. Der Herr verändert uns durch seinen Geist, damit wir ihm immer ähnlicher werden und immer mehr Anteil an seiner Herrlichkeit bekommen." Da sage ich: Wer es fassen kann, der fasse es!

## 48 Opfern

*Wer Dank opfert, der preiset mich, und da ist der Weg, dass ich ihm zeige das Heil Gottes. Psalm 50,23*

Schon mal geopfert? Ehrlich gesagt, ich habe kaum mal wirklich geopfert. Wenn ich Geld spende für Gott und seine Anliegen, dann tue ich es aus dem Überfluss. Von dem Geld, das ich übrighabe, nachdem meine Bedürfnisse bezahlt sind. Opfern würde bedeuten, ich mache Abstriche auf meiner Bedarfsliste (günstigeres Auto, eine Versicherung weniger, nicht so oft zum Friseur, keine neueste Modekleidung, …), und spende das Geld stattdessen für Gottes Anliegen. Das kann dann auch mal wehtun und im Einzelfall soweit gehen, wie bei der Witwe, die ihren letzten Groschen gespendet hat. Von Friedrich von Bodelschwingh wurde berichtet, dass er öfters ohne Mantel nach Hause kam. Und wenn seine Frau ihm einen neuen besorgte, sah er auf dem Weg durch die Stadt wieder einen Bedürftigen, der ihn mehr nötig hatte als er. Und so kam er wiederholt ohne nach Hause.
Wie mit dem Geld, verhält es sich, wenn wir Zeit oder Kraft für Gott opfern. Nur das, was ich übrighabe oder das Beste für Jesus?

Der Schlüssel zum Opfern liegt darin, das Opfer Gottes zu betrachten. Er hat alles für uns gegeben, seinen Sohn. Soviel ist jeder von uns Gott wert: einen ganzen Christus.
Wer darüber nachdenkt, wer davon lebt, muss nicht zum Opfern gedrängt werden. Der möchte als Dank für Golgatha alles geben. Deshalb kann Paulus die Christen in Römer 12 ohne zu moralisieren dazu ermutigen, ihr Leben als ein „Ganz-Opfer“ für Gott hinzugeben. Nun, der Dank an sich kann schon Opfer sein. Danken, wenn es mir schwerfällt, Gottes Wege zu verstehen. Danken, wenn ich noch nichts sehe. Danken, weil ich vertraue und weil Gott es trotzdem gut mit mir meint.
Und darauf liegt eine großartige Verheißung:“ ... da ist der Weg, dass ich ihm zeige das Heil Gottes.“ (Ps. 50,23b) Das heißt doch, wer Dank opfert, erkennt die Hilfe Gottes! Allein diese Erfahrung ist ein Opfer wert.

## 49 Gefangen

*„Führe mich aus dem Kerker, dass ich preise deinen Namen.“*
*Psalm 142,8*

Man muss nicht im Knast stecken, um im Kerker zu sein. Auch ohne Diebstahl und Gerichtsverhandlung kannst du im Gefängnis sitzen. Du kommst nicht mehr raus. Das Rütteln an den Gitterstäben hilft genauso wenig, wie das Träumen von der schönen Freiheit da draußen. Schlechte Angewohnheiten (und damit meine ich nicht nur das Bohren in der Nase) haben sich über die Jahre tief eingegraben, sodass keine gesunde Persönlichkeitsentwicklung möglich ist. Unvergebene Schuld legt sich wie ein Nebelschleier auf die Seele.
Die verdrängte Vergangenheit sprengt plötzlich den Deckel und ist nicht mehr unter die Füße zu bekommen. Die verpasste Versöhnung mit einem Menschen vergiftet das Klima und verursacht Atemnot und Verschnupfung. Da sind Menschen, die einem das Leben schwermachen, Angst einflößen und Wege verbauen. Und überhaupt, wie sieht es in der Welt aus: Krieg und Terror, Umweltverschmutzung, Schulden und morgen vielleicht arbeitslos. Und ob es dann mit der Rente später reicht?
Gefangen! Wie ein Adler im Käfig. Immer wieder setzt er zum Flug an. Immer wieder bremsen ihn die Gitterstäbe. Blutig landet der Vogel auf dem Boden, rappelt sich wieder auf und das Ganze beginnt von vorne. So lange, bis er nicht mehr kann.
David, der den Psalm 142 schrieb, wandte sich in seiner Not an Gott. Ganz ehrlich, ungeschminkt! Das machen folgende Aussagen deutlich:

„Ich schreie zum Herrn; ich schütte meine Klage vor ihm aus; ich flehe zum Herrn!“ Vor Gott ehrlich werden, zu ihm schreien, beten: „Führe mich aus dem Kerker!“ Hört Gott das? Glaube ich das?
Er öffnet den Kerker, aber nicht von außen. Er kommt hinein, wird Mensch wie wir. Von innen öffnet Jesus die Tür. Er hat meine Gefangenschaft durchlitten und auf sich genommen. Dort am Kreuz hat er bezahlt. Nicht mit Geld, aber mit seinem Blut hat er mich freigekauft. Jesus ist gekommen, um die Gefangenen frei zu machen. Den Teufel, diesen Gefängniswärter hat er besiegt. Die Tür ist auf, durchgehen muss jeder selbst. Willst du das?
Jesus streckt dir seine Hand entgegen. Ergreife sie, lass dich von ihm führen, in ein neues Land, raus aus dem Kerker. Und dann vergiss nicht, seinen Namen zu preisen. Erzähl von dem, was er getan hat. Andere sollen es hören, Hoffnung schöpfen und den Schritt aus der Zelle wagen.
In seinem bekannten Lied beschreibt Ludwig Konrad Allendorf die Befreiung wie folgt:

*„Jesus ist kommen, nun springen die Bande, Stricke des Todes, die reißen entzwei. Unser Durchbrecher ist nunmehr vorhanden; er, der Sohn Gottes, der machet recht frei, bringet zu Ehren aus Sünde und Schande; Jesus ist kommen, nun springen die Bande. Jesus ist kommen, der starke Erlöser, bricht dem gewappneten Starken ins Haus, sprenget des Feindes befestigte Schlösser, führt die Gefangenen siegend heraus. Fühlst du den Stärkeren, Satan, du Böser? Jesus ist kommen, der starke Erlöser.“*

## 50 Carpe diem

*Die Ameisen, - ein schwaches Volk; dennoch schaffen sie im Sommer ihre Speise; Sprüche 30,25*

In der Schule lernen wir Mathe und Deutsch; Zuhause hoffentlich Anstand und Benehmen und in der Fahrschule Autofahren. Damit haben wir natürlich nicht ausgelernt. Ich denke, das hört nie auf. Nicht nur die Schulen und Zeiten des Lernens sind unterschiedlich, auch die Lehrer sind ganz verschieden. Da gibt es nicht nur die Zweibeinigen, sondern auch die Vier- oder Sechsbeinigen. Ja, von Tieren können wir jede Menge lernen. Damit meine ich natürlich nicht das Bellen, Kratzen und Beißen. Jesus sagt: Schaut euch die Vögel unter dem Himmel an, euer Vater im Himmel versorgt sie. Und Jesaja lobt Esel und Ochse, weil sie im Gegensatz zu den Menschen dankbar sind und wissen, woher sie ihr Futter bekommen. In unserem Vers geht es um die Ameisen. Es gibt ca. 10.000 Ameisenarten. Ameisen können das 100-fache ihres eigenen Gewichts tragen, alle lebenden Ameisen zusammen, wiegen mehr als alle Menschen auf der Erde. Die in den Sprüchen beschriebenen Ameisen sind die sogenannten „Brotbackameisen" (s.a. Sprüche 6,6-8). Sie sammeln im Sommer die Samenkörner, zerkauen sie, kneten Teige daraus, legen die geformten Brote in die Sonne und nachdem sie dort gebacken wurden, schleppen sie die Brote in die Vorratskammer. Wenn dann der Winter kommt, haben sie genug zu essen.

Was will uns Gott durch diese Ameisen lehren? Ich denke folgendes: Nutze die gute Zeit! Es kommen Tage, an denen man nicht ernten kann. Wer nicht vorgesorgt hat, schaut dann ins Leere. Im Neuen Testament sagt Gott zu uns: Ergreift die guten Gelegenheiten; wirkt, solange es noch Tag ist, denn es kommt die Nacht, da niemand wirken kann; verhärtet eure Herzen nicht, wenn ihr seine Stimme hört, denn heute ist der Tag der Rettung. Der Prediger Salomo gibt den jungen Leuten folgenden Rat: Denke an deinen Schöpfer in deiner Jugend, ehe die bösen Tage kommen und die Jahre herankommen, von denen du sagen wirst: „Sie gefallen mir nicht". (Prediger 12,1) Die Alten können diesen Rat sicher bestätigen. Die gute Zeit ausnutzen kann bei jedem von uns unterschiedlich aussehen. Einer sollte sich entschuldigen, bevor es zu spät dafür ist. Der andere ein klärendes Gespräch führen, bevor die Tür ganz zugeht.

Wieder jemand anderes sollte endlich seine Finanzen in Ordnung bringen. Und vielleicht könnte einer Bibelverse auswendig lernen, damit er sich im Alter oder nachts im Bett an Gottes Zusagen erinnern kann. Schiebe die anstehenden Dinge nicht auf die lange Bank. Diese ist bekanntlich das Lieblingsmöbelstück des Teufels.

Das musste König Herodes Antipas bitter erfahren. Er setzte Johannes den Täufer ins Gefängnis. Ab und zu ließ er ihn zu sich holen, um mit ihm zu reden. Man bekommt den Eindruck, dass Herodes Antipas anfängt, sich für Gottes Reden zu öffnen. Doch eine Entscheidung trifft er nicht. Da nimmt jemand anderes das Geschehen in die Hand: Auf seiner Geburtstagsparty tanzte die erotische Salome. Er ist hin und weg und verspricht ihr, alles zu geben, bis zur Hälfte seines Reiches. Sie wünscht sich den Kopf des Täufers auf einer Schale. Und so geschah es. Später, als Jesus in Jerusalem angeklagt wurde, ließ Herodes Antipas ihn zu sich kommen. Er wollte ein wenig mit ihm plaudern. Aber Jesus sprach kein einziges Wort mit ihm. Für Herodes war es zu spät!

Auch die Gnade hat ihre Zeit. Deshalb, gehe bei den Ameisen in die Schule und nutze die gute Zeit.

# 51 Zuflucht

*Die Klippdachse – ein schwaches Volk, dennoch bauen sie ihr Haus in den Felsen;* *Sprüche 30,26*

Tierisch gut, diese Klippdachse. Sie können stundenlang mit ihren Augen in die Sonne sehen. In Kolonien, bis zu fünfzig Tieren, leben sie in zerklüfteten Felsengegenden. Da immer einer Wache hält, sind sie nur schwer zu fangen. Diese kleinen, zierlichen Tierchen sind Wiederkäuer und ähneln in vielem den Kaninchen. Allerdings buddeln sie zur Behausung keine Löcher in den Sand, sondern ziehen es vor, in Felsspalten zu wohnen. Was will Gott uns durch diese Tiere lehren? Ich meine Folgendes: Da bin ich sicher! Die Klippdachse haben einen sicheren Zufluchtsort. In Psalm 104,18 wird über sie gesagt: „Die hohen Berge geben dem Steinbock Zuflucht und die Felsklüfte dem Klippdachs." Wenn Gefahr droht, weiß er, wohin er sich flüchten kann. In den Felsspalten ist er vor Adlern oder Raubtieren sicher und geborgen. Er ist ein schwaches Tier, aber das ist nicht wichtig. Entscheidend ist, dass er einen starken Bergungsort hat und dass er klug genug ist, nicht auf seine „Kraft" zu vertrauen, sondern dahin läuft, wo er sicher ist. Wie ist das bei mir? Weiß ich, wohin ich mit meinen Problemen, Sorgen und Ängsten gehen kann? Habe ich einen Menschen, dem ich vertrauen kann und der mir hilft? Oder noch besser, bin ich so mit Gott vertraut, dass ich bei ihm in den Stürmen meines Lebens Geborgenheit finde? Mose sagte: „Du bist unsere Zuflucht für und für." Und König David konnte zu Gott sagen: „Herzlich lieb habe ich dich, HERR, meine Stärke! HERR, mein Fels, meine Burg, mein Erretter; mein Gott, mein Zufluchtsort, auf den ich vertraue." Und wenn ich schuldig geworden bin, Sünde und Versagen mein Herz beschweren, gehe ich damit zu Jesus. Seine Kreuzeswunden machen meinen Schaden Heil. Strafe und Zorn können mich nicht mehr treffen, ihn hat es getroffen. Jesus breitet seine Arme aus und lädt ein: „Kommt her zu mir, alle die ihr euch abmüht und beladen seid, ich will euch erfrischen". Wie kleine Küken bei Gefahr zur Mutterhenne laufen und unter ihren Flügeln sicher sind, laufe ich zu Jesus. Er ist mein Bergungsort, meine Kraft und Hilfe. Da bin ich Zuhause. Es kommt nicht auf meine Stärke an, sondern dass ich weiß, wo ich Zuflucht finde. Im Buch des Propheten Habakuk las ich neulich von den Babyloniern, wie sie sagten, dass Ihre Kraft ihr Gott sei. Und etwas später las ich von Habakuk, der bezeugte, dass Gott seine Kraft sei. Beide Mal geht es um Kraft und Gott. Dennoch besteht ein himmelweiter Unterschied. Die Babylonier haben die Kraft, ihre Eroberungsstärke zu ihrem Gott gemacht. Darauf haben sie ihr ganzes Vertrauen gesetzt. Wir sehen die Hybris des selbstherrlichen Menschen. Habakuk hat darauf vertraut, dass Gott seine Kraft ist. Er blieb glaubend abhängig und erfuhr die Hilfe Gottes. Die trägt auch dann noch, wenn die eigene Kraft nachlässt oder ein Stärkerer kommt. „Das sage ich meinem großen Bruder.“ Die kleinen, neu eingeschulten Kinder, die das sagen können, haben es leichter. Wenn sie auf dem Pausenhof geärgert oder bedrängt werden, genügt ein Hinweis auf den älteren Bruder, der auch in dieselbe Schule geht und ganz in der Nähe ist. Gut, wenn man einen „großen Bruder“ hat. Jesus ist nicht nur Bruder und Freund, sondern Herr und König, Gottes Sohn. Mein Zufluchtsort. Da bin ich sicher!

## 52 Einheit

*Die Heuschrecken – sie haben zwar keinen König, aber sie ziehen in geordneten Scharen aus; Sprüche 30,27*

Gemeinsam sind wir stark! So könnte das Motto der Heuschrecken lauten. Einer der bisher größten dokumentierten Schwärme von Heuschrecken ließ sich im Jahr 1784 in Südafrika nieder. Damals bedeckten über 300 Milliarden Insekten schätzungsweise 3000 km² Land. Ihrer Fressgier fielen täglich rund 600.000 Tonnen Pflanzen zum Opfer. Der Wind trieb den Schwarm auf das offene Meer hinaus. Die toten Insekten wurden mit der Flut wieder an Land gespült. Sie türmten sich am Strand auf einer Länge von 80 Kilometern über einen Meter hoch auf. Es gibt schätzungsweise über 26 000 Arten von Heuschrecken. Feldheuschrecken, wie die Wüstenheuschrecke können eine Sprungweite hinlegen, die das 50-fache ihrer Körperlänge beträgt. In der Bibel, Offenbarung 9, werden sie wegen der Ähnlichkeit des Kopfes, mit der eines Pferdes und wegen des Geräusches, das sie beim Fliegen verursachen, mit Scharen von rasselnden Streitwagen verglichen. Eines muss man ihnen lassen, sie gehen geordnet vor, „stehen wie ein Mann“. Deshalb sind sie enorm effektiv. In Windeseile haben sie ein ganzes Getreidefeld abgeerntet. Wenn sie alle durcheinander und gegeneinander fliegen würden, käme nicht viel dabei heraus. Gott möchte uns durch diese Heuschrecken lehren: Gemeinsam sind wir stark. Einheit ist wichtig! Wenn Papa links sagt und Mama rechts sagt, bleibt das Kind entscheidungsscheu mittig stehen. Wenn Mama Nein sagt und Papa Ja sagt, kommt ein „Jein“ lebendes Kind dabei heraus. Es fehlt die Orientierung, der feste Halt und somit eine wichtige Voraussetzung zum Erwachsenwerden. Jesus sagt im Neuen Testament: „Jeder Staat, der mit sich selbst uneins ist, wird verwüstet; und jede Stadt oder jede Familie, die mit sich selbst uneins ist, wird nicht bestehen.“ Deshalb ist Einheit so wichtig. Nur gemeinsam sind wir stark! Auch in der christlichen Gemeinde. Wir können da zwar keine Einheit machen, denn Gott hat sie schon gegeben, aber wir dürfen sie entdecken und leben. Ein Leib, aber viele Glieder, sagt die Bibel und Jesus der Kopf. Das ist Vielfalt in der Einheit und Einheit in der Vielfalt. Das will gelebt werden. Wo ist mein Platz? Wo benötige ich Ergänzung und wo kann ich aushelfen mit dem was Gott mir anvertraut hat? Die Heuschrecken schaffen das ohne einen König. Bei uns ist das anders. Wir haben einen König: Jesus, und den brauchen wir auch. Er hält den „Laden" zusammen. Er ist Mitte und Ziel. Durch ihn gehören wir zusammen, denn schließlich bin ich nicht wegen den anderen gekommen, sondern wegen ihm. Gott ist mein Vater und deshalb, die links und rechts neben mir, meine Brüder und Schwestern. Wo Einheit gelebt wird, ist Frieden. Da kommt was Gutes dabei heraus. In Johannes 17 betet Jesus für seine Leute zu seinem Vater: „Alle sollen eins sein: Wie du, Vater, in mir bist und ich in dir bin, sollen auch sie in uns sein, damit die Welt glaubt, dass du mich gesandt hast." Deshalb, gemeinsam sind wir stark. Einheit ist wichtig, damit Segen für die Welt dabei herauskommt. Wir können das reife Erntefeld abernten. Menschen für Jesus sammeln, damit sie in ihm ihr Leben finden. Das können keine Heuschrecken, nur wir.

## 53 Unaufhaltsam

*Die Eidechse – man greift sie mit den Händen, und sie ist doch in den Palästen der Könige.* *Sprüche 30,28*

Upps, wie kommt die denn hier her? Eine Eidechse im Palast des Königs. Ganz nahe am Königsthron. Der Palast ist doch das am besten bewachte Gebäude im ganzen Land mit den meisten und stärksten Türen. Eigentlich ist es eine Leichtigkeit, sie mit den bloßen Händen zu packen, aber irgendwie hat sie es an allen Wachen vorbei bis hierher geschafft. Vielleicht hat sie ja auf dem Weg ihren Schwanz abgeworfen, wie sie es bei Gefahr tut. Und weil sich der getrennte Schwanz danach noch zwanzig Minuten lang bewegt, hat er vielleicht die Wachen abgelenkt. Für die Eidechse ist das nicht so tragisch, denn der Schwanz wächst wieder nach. Wie auch immer, sie hat es geschafft. Was will Gott uns durch diese Eidechsen lehren? Antwort: Nichts soll uns aufhalten! Doch wie schnell lassen wir uns abhalten? Wir sind ausgezogen, um einen Hirsch zu erlegen und laufen zwischendurch den Hasen hinterher. Der Hirsch ist weg und die Hasen kriegen wir auch nicht. Man sagt, Frauen lassen sich schneller ablenken (man möge mir verzeihen, falls ich irre). Sie begibt sich auf den Weg in den Keller, um die Deko für den Gästetisch zu holen. Aber erstmal bleibt sie im Wohnzimmer bei den Blumen stehen und gießt sie. In der Küche räumt sie noch schnell ein paar Tassen in die Spülmaschine. Im Flur steht ein Besen, der zum Fegen einlädt und das schiefe Bild am Treppenabgang muss noch fix geradegerückt werden. Plötzlich fällt ihr ein, dass sie doch irgendwas aus dem Keller holen wollte. Bloß was noch? Da klingelt es auch schon der Haustür und die Gäste sind da. Nichts soll uns aufhalten, wenn es um den König geht. Wenn ich mir vornehme, in der Bibel zu lesen oder im Gebet Gottes Angesicht zu suchen, soll mich nichts aufhalten. Kein Handy, keine Arbeit, keine lustlosen Gefühle und auch keine Sorgen. Ich *will* Zeit mit ihm verbringen. Ich *will* ihn „anschauen“ und hören, mich neu beschenken lassen. Ich möchte mich bei ihm entzünden lassen, denn ich kann bei anderen nur entfachen, was zuerst in mir brennt. Nichts soll mich aufhalten, bis ich meinem König wieder ganz nahe bin. Vor seinem Thron wird das Große wieder groß und das Kleine wieder klein. Ich erkenne wieder, wer Herr ist, alles in den Händen hält und das entscheidende oder letzte Wort spricht. Er ist König! „Freunde“ rufen: Halt, tanz nicht aus der Reihe, marschiere mit im allgemeinen Trott. Die Welt lockt und ruft: Genieße mich, werde kein Sonderling. Der Teufel flüstert leise ins Ohr: Ein wenig Religion ja, aber man kann es auch übertreiben. Und das Gewissen schlägt: Stopp, du bist viel zu schlecht, du passt nicht zu Jesus. Aber nichts soll mich aufhalten! Der Apostel Paulus sagt im Neuen Testament von sich: „Ich will vergessen, was hinter mir liegt, und schaue nur noch auf das Ziel vor mir. Mit aller Kraft laufe ich darauf zu, um den Siegespreis zu gewinnen, das Leben in Gottes Herrlichkeit. Denn dazu hat uns Gott durch Jesus Christus berufen.“ Da will ich auch hinkommen, das Ziel erreichen. Und deshalb lasse ich mich durch nichts und niemanden aufhalten. Und Du?

## 54 Pause

*Wenn man einer stumpfen Axt nicht rechtzeitig die Klinge schärft, kostet die Arbeit mehr Kraft. Weisheit sorgt vor und bringt Vorteile.*
*Prediger 10,10*

Ob Axt oder Sense, mit der Zeit wird das Eisen stumpf, die Klinge unscharf. Man kann dann zwar noch weiterarbeiten, aber bei gleichem Kraftaufwand kommt immer weniger dabei heraus. Und wenn wir durch Kraftsteigerung die immer stumpfer werdende Klinge kompensieren wollen, sind wir bald erschöpft, plagen uns oder geben frustriert auf. Ein Vergleich, der auf viele Menschen zutrifft. Viel klüger ist es, rechtzeitig Pause zu machen und die Axt oder Sense zu schärfen. Diese scheinbar verlorene Zeit ist schnell wieder aufgeholt, da es sich mit geschärften Werkzeugen leichter und schneller arbeiten lässt. Das ist Weisheit. Mach mal Pause! Danach geht’s besser. Ein Bogen muss nach dem Schießen

entspannt werden, damit er seine Spannkraft erhält. Und wir sollten von Zeit zu Zeit ausspannen, sonst drehen wir irgendwann durch.
Im Markusevangelium Kapitel 6 wird uns berichtet, wie die Jünger, nachdem Jesus sie ausgesandt hatte, begeistert zurückkommen und ihm berichten, was sie alles getan und gelehrt haben. Am liebsten würden sie gleich weitermachen, doch Jesus sagt zu ihnen: „Kommt, wir ziehen uns an einen einsamen Ort zurück, wo ihr euch ausruhen könnt."
Was können für mich solche Orte oder Zeiten des Ausruhens sein, in die Jesus mich schickt? Wie bekomme ich neues Profil und wodurch wird mein Glaube neu geschärft, oder anders ausgedrückt, erfrischt? Zum Glück gibt es freie Tage, Sonntage. Aber auch Urlaubs- oder Ferientage. Nicht, damit wir uns durch volles Programm und zu hohe Erwartungen noch mehr stressen, sondern uns erholen und neue Kräfte für die Arbeit oder Schule sammeln. Wir können so bewusst Zeit mit Menschen verbringen, die uns wichtig sind und uns mehr Zeit nehmen fürs Gebet, zum Studieren im Wort Gottes und hören auf seine Stimme. So können wir ihm unsere stumpf gewordene „Klinge" hinhalten. Gott wird uns neu befähigen: „Denn er gibt den Müden Kraft und Stärke genug den Unvermögenden." (Jesaja 40,29)
Darum gib Gott eine Chance, mach mal Pause!

## 55 Aufstehen

*Steh auf und werde Licht, denn dein Licht ist gekommen und die Herrlichkeit des Herrn ist über dir aufgegangen! Jesaja 60,1*

Der Haken saß! Der Gegner taumelt, er geht zu Boden, da liegt er auf den Brettern. Wird er wieder aufstehen? Der Ringrichter zählt, 1,2,3, …
Mühsam, mit wackelnden Beinen rafft sich der Boxer auf. Ein erneuter Treffer. Diesmal scheint er liegen zu bleiben. K.O. oder schafft er es noch mal wieder
hochzukommen? Wer liegen bleibt hat verloren. Wir üben uns deshalb ein ganzes Leben lang darin, wieder aufzustehen. Das Kind beim Hinfallen, während der ersten Gehversuche. Später dann auf dem Schulhof, nachdem es zu Boden geschuppst wurde.
Aufstehen, nachdem wir berufliche oder familiäre Rückschläge erfahren haben. Wieder aufstehen nach einer längeren Phase von Krankheit oder Depression.
Können wir immer wieder aufstehen, reicht die Kraft? Helfen Anfeuerungsrufe: weiter so, du schaffst es, du lässt dich nicht unterkriegen?
Jemand sagte: Hinfallen ist menschlich, liegen bleiben ist teuflisch und wieder aufstehen ist göttlich.

Zum Aufstehen brauchen wir Gottes Kraft. Manchmal schon morgens, wenn wir den Tag vor uns sehen. Oder wenn wir mit unserem „Latein" am Ende sind und festsitzen.
Was sagte Jesus zu dem Mann, der 38 Jahre lang dalag?
„Steh auf, nimm dein Bett und geh hin!" Und er ging und wir können gehen, da wo wir festsitzen, aufstehen und wieder in Bewegung kommen. Wenn nur ER in unser Leben spricht.
Warum kann Jesus das? Weil er alles, was uns runterzieht auf den Boden und zuletzt unter den Boden, selbst durchlitten hat und besiegt hat.
Jesus spricht und handelt als der, der auferstanden ist aus dem Grab, aus dem Tod. Das ist seine Vollmacht und deshalb kann er uns heute aufrichten mit neuer Hoffnung und irgendwann sogar leibhaftig aus dem Grab erwecken. Er sagte zu seinen Nachfolgern: Ich lebe und ihr sollt auch leben. Und deshalb gilt uns schon heute, was der Prophet Jesaja verheißen hat:
„Steh auf und werde Licht, denn dein Licht ist gekommen und die Herrlichkeit des Herrn ist über dir aufgegangen!" Unsere Welt braucht Hoffnung, und Menschen, in denen die Kraft seiner Auferstehung wirksam wird, Menschen, die dem Tod und seiner Macht entgegenrufen: „Jesus lebt!"
Machst du mit? Dann stehe auf, richte die Krone und gehe weiter!

## 56 Helden

*Und der Kuschiter Ebed-Melech sprach zu Jeremia: „Lege diese zerrissenen, alten Lumpen unter deine Achseln um die Stricke"; und Jeremia tat so. Und sie zogen Jeremia an den Stricken herauf und holten ihn aus der Zisterne. Jeremia 38,12-13*

Was für ein Mann! Dieser Ebed-Melech! Die führenden Minister am Königshof hatten den Propheten Jeremia in einen Brunnen gesteckt. Er passte ihnen nicht ins Konzept. Mit seinem Reden von Gott usw. ging er ihnen gewaltig auf die Nerven. Schließlich standen die mächtigen Babylonier vor der Tür und da konnte man sich keinen Kritiker, der angeblich von Gott her zur Kapitulation aufrief, leisten. Jeremia in der Zisterne, im Schlamm. Ohne Brot, ohne Mantel, ohne… Wie lange wird er durchhalten? Wie lange noch leben? Dem König war das egal, er war mit seinem politischen Überleben beschäftigt. Doch da war dieser Ebed-Melech, ein ausländischer, dunkelhäutiger Diener oder sogar Minister am Hofe des Königs. Er war der einzige, den das Schicksal Jeremias nicht kalt ließ. Er ging zum König, er intervenierte, er setzte sich für Jeremia ein und bat darum, ihn aus der Zisterne rausholen zu dürfen.

Wohlwissend, dass er es sich dadurch mit den Oberen am Hofe verdarb. Und der König genehmigte. Neue Männer braucht unser Land. Männer, die nicht nur ihren Vorteil suchen und einen bequemen Weg gehen, sondern Männer, die etwas riskieren, sich für das Wohl und Leben anderer einsetzen. Koste es, was es wolle. Wann ist ein Mann ein Mann? Eben dann!
Ich bewundere Jonathan, der vor dem wütenden König Saul seinen Freund David verteidigte. Wir können von Frauen lernen, die häufig tapferer sind. Da staune ich über Esther, die vor dem Perser- König Ahasveros ihr Leben riskierte, indem sie für ihr Volk Israel um Verschonung bat. „Komme ich um, so komme ich um", sagte sie. Und ich nehme den Hut ab vor allen, die zur Nazizeit Juden versteckten oder zur Flucht verhalfen. Ob ich diesen Mut gehabt hätte bezweifle ich. Und ich schaue auf Jesus, der für uns alles gab, sein Leben, damit wir leben.
Ebed-Melech - ein Held! Und sogar ein Held mit Herz. Schnell holt er noch ein paar alte Lumpen, die Jeremia unter die Achseln legen soll, damit das Seil beim raufziehen nicht so an der dünnen Haut schmerzt. Ebed-Melech erfüllte nicht nur irgendeine Pflicht der Nächstenliebe, sozusagen als Gewissensberuhigung, sondern machte sich Gedanken, wie er es am besten machen könnte und dabei gab die Liebe den Grundton an. Es waren Lumpen der Liebe, die Jeremia unter die Achseln legte. Und dass Gott sich über das Ganze freut, sehen wir im nächsten Kapitel.
Er verspricht Ebed-Melech, bei der Eroberung Jerusalems verschont zu bleiben: „Denn ich will dich entrinnen lassen, dass du nicht durchs Schwert fällst, sondern du sollst dein Leben wie eine Beute davonbringen, weil du mir vertraut hast, spricht der HERR." (Kap.39,18)
Ebed-Melech - ein Held? Gott rettet ihn nicht, weil er so tapfer war oder Jeremia aus dem Brunnen half, sondern weil er ihm vertraute. Wir erfahren hier, dass Ebed-Melech sich wahrscheinlich gefürchtet hatte zum König zu gehen, seine Kraft und sein Mut nicht groß genug waren, er sich dann aber an Gott wandte, ihm vertraute und losgehen konnte! Gott sieht sein Vertrauen, seinen Glauben und deshalb verschont er ihn. Nicht mehr und nicht weniger sucht Gott auch bei uns. Wer an Jesus glaubt, wird leben, wer glaubt, ist gerettet.
Wer glaubt, ist mit Gott verbunden und kann die göttlichen Kräfte erfahren. So werden schwache Männer Helden und sogar Helden mit Herz!

# 57 Erneuerung

*„Ich habe Euch lieb", spricht der HERR . Maleachi 1,2*

„Milch macht müde Männer munter", verspricht die Werbung und die Milchbauern freuen sich darüber.
Mich bewegt eher die brennende Frage: „Was macht müde Christen wieder munter?"
Urlaub? Auszeit? Tapetenwechsel? Gemeindewechsel?
In unserer Gemeindebibelschule beschäftigten wir uns mit dem Propheten Maleachi. Er hatte von Gott den Auftrag, das aus der babylonischen Gefangenschaft zurückgekehrte Volk Gottes neu zu motivieren und aus der geistlichen Ermüdung zu erwecken. Und Maleachi kommt gleich zur Sache und bringt es auf den Punkt:
„Ich habe euch lieb", spricht der HERR (1,2).
Wenn überhaupt irgendwas zu neuem Glauben, neuer Hingabe und Leidenschaft entzünden kann, dann Gottes Liebe. Was sonst? Kann mir etwas Größeres gesagt werden? Gott hat mich lieb! Der den Kosmos erschuf und alles zusammenhält, meint mich, sein Volk, seine Gemeinde. Eine Liebe, die nicht sich selbst sucht, sondern mich. Eine Liebe, die nicht liebt, weil ich so toll bin, sondern bin wie ich bin. Ja, die nicht das Liebenswerte sucht, sondern schafft, indem sie liebt. Gott will mich, er hat sich für mich entschieden! Wenn wir im Glauben an Jesus neu erfrischt werden möchten, kommen wir nicht daran vorbei, diese Liebeserklärung Gottes zu hören und ihr zu glauben. Manche tun sich schwer damit. Vielleicht weil sie auf sich selbst schauen, mit sich nicht versöhnt sind und sich deshalb nicht vorstellen können, dass da einer ist, der sie unendlich liebt.
Anderen geht es so wie Israel damals. Sie schauen auf die Umstände ihres Lebens und fragen:
„Woran sehen wir, dass du uns lieb hast?" (1,2) Damals waren wirklich keine rosigen Zeiten. Jerusalem lag zum Teil noch in Trümmern und die feindlichen Nachbarn wurden immer bedrohlicher. Da war von dem ursprünglich erhofften messianischen Reich nach der Rückkehr ins gelobte Land nicht viel zu spüren.
Doch Gott macht seinem Volk deutlich, dass seine Liebe nicht verspricht, dass alles gut geht und wir keine Probleme mehr haben. Gottes Liebe bedeutet vor allem Zugehörigkeit. Ich darf ihm gehören, zu ihm gehören, ganz nahe bei ihm sein. Er will mich bei sich haben, wir gehören zusammen und teilen alles miteinander. Darüber kann ich mich riesig freuen, das ist großartig und darauf will ich mich ausruhen. Und wenn mein Herz dieser Liebe immer noch nicht so recht glauben kann, schaue ich auf das Kreuz. Da hat Gottes alles gegeben, seinen Sohn, für dich und mich! Welch eine Liebe!

# 58 Ziel

*Als sie den Stern sahen, war ihre Freude groß. Sie gingen in das Haus und fanden das Kind mit seiner Mutter Maria, sanken vor ihm auf die Knie und beteten es an. Dann öffneten sie ihre Truhe mit Kostbarkeiten und beschenkten es mit Gold, Weihrauch und Myrrhe. Matthäus 2,10+11*

Endlich am Ziel, am Ferienort, nach einer langen Autofahrt. Am Ziel, wenn sich unsere Berufsträume erfüllt haben. Am Ziel, wenn nach anstrengenden Heiratsplänen endlich sich beide vor dem Traualtar das Ja-Wort geben. Auch die Weisen aus dem Morgenland hatten ein Ziel und waren unterwegs. Ein langer, aufwändiger Weg, als Navigationssystem diente ein besonderer Stern. Der war ihnen bei der Abreise erschienen und stand nun über diesem Haus. Sie hatten ihr Ziel erreicht – den verheißenen König, Jesus, Gottes Sohn. Vor ihm knieten sie, ihn beteten sie an, ihn beschenkten sie mit ihren Gaben. Wann halten wir unser Leben für erfüllt? Welches Ziel haben wir? Gute Gesundheit, Karriere, Wohlstand, Familie... ?
Wenn ich Jesus gefunden habe, ihn anbete und mich ihm treu schenke, bin ich Zuhause, am Ziel.
Die Weisen legten einen weiten Weg von mehreren tausend Kilometern zurück. Ich hingegen brauche nur die Bibel aufschlagen und Gott ehrlich bitten, mir neu zu begegnen. Jesus sagt: „Wer da sucht, der wird finden.“ Wo ich einen Schritt auf ihn zugehe, kommt er mir zwei Schritte entgegen. Die Weisen hatten den Stern – wir haben Gottes Wort und obendrein den Heiligen Geist, der uns Jesus wichtigmachen möchte.
Ich will Jesus neu entdecken, tiefer kennen lernen und mich ihm ganz zur Verfügung stellen. Die Weisen machten sich auf den Weg und erreichten ihr Ziel.
Die Schriftgelehrten in Jerusalem damals wussten alles, kannten sich bestens in der Schrift aus, konnten den Weisen sogar erklären, dass der König der Juden in Bethlehem geboren würde. Nur eines taten sie nicht: sie setzten sich nicht in Bewegung, sie blieben samt ihrem großen Bibelwissen hocken und gingen deshalb leer aus. Ebenso König Herodes. Er interessierte sich zwar für den neugeborenen König, aber nicht, um ihm zu huldigen. Er wollte selber Messias sein. Klar, dass Jesus ihm dann nicht ins Konzept passte. Er suchte nach einem Weg, ihn zu beseitigen. Doch Jesus kann man nicht abschaffen. Selbst, wenn wir ihn ignorieren, können wir ihn nicht daran hindern, uns zu lieben und auf uns zu warten.
Er ist der wahre König. Wer seine Knie vor ihm beugt, hat alles erreicht.

# 59 Bewährung

*Und eine Stimme aus dem Himmel sprach: „Dies ist mein geliebter Sohn, an ihm habe ich große Freude.“ Danach führte der Heilige Geist Jesus in die Wüste, weil er dort vom Teufel auf die Probe gestellt werden sollte. Matthäus 3,17-4,1*

Warum kann es nicht immer so schön bleiben? Nach Höhen kommen die Tiefen. Auf Sonnenschein folgt Regen und nach guten Tagen kommen schlechte Tage.

Das erlebte Jesus auch! Er wurde im Jordan getauft, der Heilige Geist kam, wie eine Taube, auf ihn herab und sein Vater im Himmel bekannte sich hörbar zu seinem Sohn: „Dies ist mein geliebter Sohn, an ihm habe ich große Freude.“ Alles in allem ein herrlicher Tag. Ein Tag, den man gerne festhalten möchte. Doch das Glück hält nicht lange.

Es geht in die Wüste. Der Teufel versucht Jesus, stellt das Empfangene auf die Probe, vierzig Tage lang. Und das Ganze ist kein Zufall, kein Schicksal – Gott selbst hat durch seinen Geist die Situation herbeigeführt. Der Teufel darf nur, weil Gott es ihm erlaubt und Gott selbst Herr der Lage ist.

Wüstenzeiten reduzieren uns auf das Echte, machen abhängig von Gott und trainieren uns, dem Bösen zu widerstehen. Unsere Herausforderung lautet: was Gott dir im Licht offenbart, das lass dir im Dunkeln nicht rauben. Jesus hatte die Prüfung bestanden. Er hieß nicht nur Gottes Sohn, er war es auch. Nicht nur an schönen, sonnigen Tagen – auch in den dunklen und schweren.

In meinem Leben wechseln sich Sonne und Wolken ab. Vom Sonntag gehe ich wieder in den Alltag. Vom Urlaub wieder zur Arbeit. Von den Ferien zur Schule. Das Gute, was wir empfangen, das Große, an das wir glauben, muss in die Bewährung. So, wie eine schöne Tonvase noch in den Ofen muss, bevor sie hält und eine Freude für den Besitzer sein kann. Gerade in schweren Zeiten formt Gott meinen Charakter und lässt meine Wurzeln in die Tiefe wachsen. Und zum Glück kommen auch wieder andere Zeiten.

Ich staune über Hiob, diesen geplagten Mann im Alten Testament. Mit außergewöhnlicher Ergebenheit konnte er alles aus Gottes Hand nehmen. Er sagte nach schweren Verlusten: „Der Herr hat´s gegeben, der Herr hat´s genommen; der Name des Herrn sei gelobt.“

Und: „Haben wir Gutes empfangen von Gott und sollten das Böse nicht auch annehmen?“ Regen – Sonne – Wind – Wärme – Kälte. Zum kräftigen, gesunden Wachstum eines Baumes gehört eben alles. Das ist bei uns Menschen nicht anders.

# 60 Glücklich

*Und er tat seinen Mund auf, lehrte sie und sprach:*
*Selig sind, ... Matthäus 5, 2-3a*

Glücklichsein, ein glückliches Leben haben, - wer will das nicht? Doch die meisten kriegen das nicht hin oder wissen nicht, wo das Glück versteckt liegt. Vielleicht haben sie falsche Vorstellungen vom Glück? Was heißt Glücklichsein?
Das Wort glücklich kommt sprachlich gesehen von dem Wort *gelingen*. Ein glückliches Leben ist also ein Leben, das gelingt. Und wie Leben gelingt, sagt uns Gott. Ich brauche ein festes Fundament, nämlich Christus (1. Kor. 3,11) und Orientierung, nämlich Gottes Wort (Psalm 119,105).
In den sogenannten Seligpreisungen der Bergpredigt sagt Jesus acht Mal, wer glücklich zu nennen ist, wessen Leben gelingt und wem man deshalb herzlich gratulieren kann. In ihnen legt Jesus mehr Gewicht auf das SEIN, als aufs TUN. In erster Linie beschreibt er hier eigentlich sein eigenes Wesen, seinen Charakter. Und genau das soll abfärben auf alle, die zu ihm gehören und Bürger seines Reiches sind. Hieran können wir uns orientieren, lernen und uns zu ihm hin verändern lassen.
Die Bergpredigt Jesu ist das Grundgesetz seines Herrschaftsbereiches und somit verbindlich für alle, die an ihn glauben. Und dazu sind die Seligpreisungen die Präambel, bzw. das Eingangstor. Hier wird am Anfang nicht gemeckert oder aufgebürdet, sondern seliggepriesen, glücklich geheißen und somit gesagt: Herzlich willkommen bei Jesus und in seinem Reich. Hier wirst du wirklich glücklich. Dein Leben kann gelingen. Gelingen bei und durch Jesus. Vielleicht ganz anders als gedacht.
Denn wenn wir die Seligpreisungen lesen, merken wir, wie Jesus alle Vorstellungen vom Glück auf den Kopf stellt. Man kann es aber auch so ausdrücken: Jesus rückt wieder zurecht, was in der Welt verrückt wurde. Wir sehen die ganz anderen Wertvorstellungen und sind herausgefordert, Jesus darin zu vertrauen und nachzufolgen. Na dann: Herzlichen Glückwunsch!

# 61 Arme

*Selig sind, die da geistlich arm sind; denn ihrer ist das Himmelreich. Matthäus 5,3*

Wer nichts hat, soll glücklich sein. Jesus, so etwas findest du toll? Wir haben gelernt: Glücklich bist du, wenn du viel hast, immer mehr hast und der Vorrat nicht zu Ende geht.
Kommen etwa alle Armen in den Himmel, nur weil sie arm sind und womöglich alle Reichen in die Hölle, weil sie reich sind und nicht genug abgegeben haben?
Um Jesus richtig zu verstehen müssen wir bedenken, dass er von den geistlich Armen spricht.
Nicht geistig oder materiell, sondern geistlich arm. Es geht also um mein Leben in Bezug auf Gott und wie ich vor Gott stehe, um zu seinem Himmelreich zu gehören.
Wer meint, viel vorweisen zu können, um Gott zu gefallen und seine Gnade zu empfangen, geht leer aus. Hier passt die Geschichte vom Pharisäer und Zöllner im Tempel (Lukas 18,9-14).
Selbstbewusst und stolz steht der Pharisäer vor Gott und verweist auf seine frommen, religiösen Leistungen (Spenden, Fasten) und denkt dabei, dass er im Gegensatz zu dem Zöllner da in der Ecke, gut abschneidet. Der Zöllner dagegen hält sich für unwürdig, schlägt an seine Brust und sagt: Gott, sei mir Sünder gnädig. Und Jesus sagt dazu: Dieser ging gerechtfertigt in sein Haus, nicht jener.
Worauf berufe ich mich vor Gott? Worauf vertraue ich? Habe ich leere Hände und bin vor ihm bettelarm?
Am Ende der Bergpredigt in Matthäus 7 spricht Jesus von Menschen, die ins Himmelreich wollen und sozusagen vor der Tür stehen. Sie sagen: „Herr, Herr" und berichten von dem, was sie für Jesus getan haben: geweissagt, böse Geister ausgetrieben, Wunder getan.
Die traurige Überraschung ist, dass Jesus zu ihnen sagt: Ich kenne euch nicht, geht weg ihr bösen Leute. Warum das? Sie haben doch lauter gute und großartige Dinge getan.
Antwort: Sie waren geistlich nicht arm, arm vor Gott! Diese Menschen haben sich im entscheidenden Moment auf das berufen, was sie für Gott getan haben, statt auf das, was Gott durch Jesus für sie getan hat. Und deshalb bleibt die Tür zu!
Und wir denken vielleicht, Gott ist ziemlich kleinlich. Aber liegt nicht ein himmelweiter Unterschied dazwischen, ob ich mich auf meine noch so fromme Leistung berufe oder darauf, dass Jesus für mich am Kreuz starb, eben auf Gottes Gnade?
Charles H. Spurgeon, - ein bekannter und einflussreicher Prediger im 19. Jahrhundert, Tausende kamen in seine Gottesdienste, seine

Predigten wurden weltweit verbreitet, seine Bücher sind kaum zu zählen, - wurde am Ende seines Lebens gefragt: „Was gilt, Herr Spurgeon?“
„Jesus starb für mich“, war seine knappe Antwort.
Das reicht, - und nur das! Worauf vertraue ich?

## 62 Leiden

*Selig sind, die da Leid tragen; denn sie sollen getröstet werden. Matthäus 5,4*

Bei Kopfschmerzen eine Tablette, bei Zahnschmerzen zum Zahnarzt und kalte Hände in warme Handschuhe.
Schmerzen müssen aufhören und Leiden müssen weg. Was soll daran gut sein und wozu aushalten, tragen? Stimmt erst mal! In der Bibel wird Leiden an sich nirgendwo verherrlicht, sondern negativ bewertet.
Auch Jesus hatte was gegen Leiden und Schmerzen. Erstaunlicherweise hat er sie trotzdem auf sich genommen, getragen und am Kreuz erlitten.
Kann in unserem Leid, unserer Trauer und Traurigkeit ein Gewinn, ein Segen liegen?
Ja, aber nur, wenn wir darin getröstet werden. Und zwar von Gott selbst. Sonst landen wir in der Verbitterung.
Trost bedeutet, einen Ersatz bekommen. Gott möchte den erlittenen Verlust durch seine Nähe und Liebe erstatten, ausfüllen. Das ist göttlicher Trost. Er spricht in die Situation hinein: Ich will dir viel mehr wert sein als alles ...!
Erstaunt habe ich folgendes beobachtet: Eines unserer Kinder fällt draußen beim Spielen auf die Knie, dann großes Geschrei, es läuft die Treppe hoch in unsere Wohnung, an Papa vorbei direkt auf den Schoß der Mutter.
Und nun das Wunder, Mama streichelt über den Kopf, pustet kurz auf das Knie, flüstert ein paar nette Worte und vom Geschrei ist nichts mehr übriggeblieben und die aufgeschürften Knie scheinen vergessen zu sein.
Mamas Liebe und Zärtlichkeit wiegt alles auf!
In Jesaja 66,13 verspricht Gott: „Ich will euch trösten, wie einen seine Mutter tröstet.“ Deshalb also: Glücklich zu preisen sind die Leidtragenden, sie sollen getröstet werden.
Manche Christen, die an schwere Zeiten in ihrem Leben zurückdenken, sagen mit leicht aufkommender Sehnsucht in ihrer Stimme, so nah und intensiv wie damals, habe ich Jesus nur selten in meinem Leben erfahren. Es war schwer, aber auch schön. Das allerdings versteht nur, wer es erlebt hat.

# 63 Sanftmütig

*Selig sind die Sanftmütigen; denn sie werden das Erdreich besitzen. Matthäus 5,5*

Halt! Erobern nicht die Gewalttätigen die Erde? Wer es zu etwas bringen will, muss sich doch durchsetzen können, die Ellbogen einsetzen und notfalls sogar ...
Beim Besitzen des Erdreichs wird es nicht in erster Linie um Landbesitz gehen, sondern um Menschen. Die Starken können Menschen erobern und besitzen. Doch nur solange, wie sie Druck ausüben und kontrollieren.
Aber die Sanftmütigen erobern die Herzen und überwinden mit ihrer gewinnenden Art Vorurteile und Ablehnungen. Sie hinterlassen gute und bleibende Spuren.
Frage: Wer schafft es, dem Mann Mantel und Schal auszuziehen? Der Wind bläst, - der Mann zieht den Gürtel enger. Der Regen peitscht, - der Mann zieht den Kragen hoch. Dann scheint die Sonne und siehe da, der Mann zieht den Mantel aus und legt seinen Schal ab.
So ist das mit der Sanftmut.
Jesus sagt von sich: „Ich bin sanftmütig und von Herzen demütig". Das bedeutet nicht, Jesus war weich und flaumig. In dem Wort steckt auch mutig. Beides kommt zusammen. Er konnte Kinder auf den Schoss nehmen und sie freundlich an sein Herz drücken. Aber er konnte auch *mutig* und stark die Geldwechsler aus dem Tempel jagen. Die Sanftmut siegt!
Was dann damals mit den zwölf Aposteln begann, hat sich über die Jahrhunderte bis heute fortgesetzt. In den meisten Gegenden dieser Erde leben Menschen, die Jesus anbeten und bereit wären, alles für ihn zu geben.
Napoleon kam in der Verbannung auf der Insel St. Helena zu folgender Einsicht:
„Alexander, Cäsar, Karl der Große und ich haben große Reiche gegründet. Aber worauf haben wir die Schöpfung unseres Genies gegründet? Auf die Gewalt. Jesus allein hat sein Reich auf die Liebe gegründet und heute noch würden Millionen von Menschen für ihn sterben. Welch mächtiger Abstand zwischen meinem tiefen Elend und dem ewigen Reich Christi, das da gepredigt, geliebt, gepriesen wird und sich über die ganze Erde ausbreitet."
Nachdenklich frage ich mich, wessen Art ich mehr ähnle? Napoleon oder Jesus?
Gott ermutigt uns, indem er sagt: „Seid freundlich im Umgang mit allen Menschen, ihr wisst ja, dass das Kommen des Herrn nahe bevorsteht." (Philipper 4,5)

Jesus heißt uns glücklich, wenn er uns mit der gleichen Gesinnung antrifft, wie er sie gelebt hat.

## 64 Hunger

*Selig sind, die da hungert und dürstet nach der Gerechtigkeit; denn sie sollen satt werden. Matthäus 5,6*

Jemand sagte, wir in der westlichen Welt kennen gar keinen Hunger, höchstens Appetit.
Ob das stimmt? Ich denke, wir haben in uns einen Hunger und Durst, der nicht nur nach Essen und Trinken verlangt. Wir verspüren eine Sehnsucht, die sich nicht durch „Brot und Spiele“ erfüllen lässt.
Hunger nach bedingungsloser Annahme und Geborgenheit, Durst nach Anerkennung und Lebenssinn.
Aber Jesus preist einen anderen Hunger und Durst an. Den nach Gerechtigkeit.
Ein schwer verständliches Wort. Was ist z.B. gemeint mit „gerechte Welt“ oder „Gerechtigkeit in der Welt“? Gottes Wort versteht darunter eine Welt, die Gott gefällt, über die er sich freut und die seinen Vorstellungen entspricht.
Wir sehnen uns nach dieser Gerechtigkeit. Wie die aber aussieht, misst sich nicht an irgendwelchen ideologischen Weltverbesserungskonzepten oder Vorstellungen. Schon viele haben ihrer Ideologie entsprechend versucht, eine gerechte Welt zu schaffen. Meistens sah es hinterher schlimmer aus als davor.
Was Gott gefällt, ist Maßstab für Gerechtigkeit in der Welt. Und wie ist es mit Gerechtigkeit in meinem Leben? Sehne ich mich danach, so zu leben, wie Gott es sich vorstellt und wünscht?
Das ist gemeint mit hungern und dürsten nach Gerechtigkeit. Wer zur Freude Gottes leben möchte und im Leben Gottes Wünsche verwirklichen will, geht allerdings durch ein Tal voller Enttäuschungen. Wir versagen und sind traurig. Uns passieren immer wieder die gleichen Dinge und wir resignieren. Wir möchten gerne und können nicht so richtig. Aber gerade dann preist uns Jesus glücklich, weil sich hier die Tür zu einer ganz neuen Gerechtigkeit auftut. Einer geschenkten Gottesgerechtigkeit, die einen Namen hat, Jesus!
Jesus hat vollkommen zur Freude seines himmlischen Vaters gelebt. Er sagte mal, seine Speise sei es, den Willen des Vaters zu tun.
Wer sich über alles Versagen und alle Unzulänglichkeiten hinweg nach der Gerechtigkeit Gottes in Jesus ausstreckt, wird satt werden. An Jesus und an dem, was er für uns getan hat.

Er verspricht uns: „Ich bin das Brot des Lebens. Wer zu mir kommt, den wird nicht hungern; und wer an mich glaubt, den wird nie mehr dürsten.“ (Johannes 6,35) Es gibt einen Hunger, der von Gott wegführt und in den Schmutzlachen dieser Welt und Sünde endet. Und es gibt einen Hunger, einen Durst nach wahrem Leben, nach Gerechtigkeit, der uns zu Jesus führt und bei ihm gestillt wird. In diesem Sinne: Guten Appetit!

## 65 Barmherzig

*Selig sind die Barmherzigen; denn sie werden Barmherzigkeit erlangen. Matthäus 5,7*

Barmherzig. Ein wunderschönes Wort der deutschen Sprache. Da weht einem Erbarmen, Mitleid, Herz und Wärme entgegen. Einfach herrlich und einmalig dieses Wort.
Doch „davon kann sich keiner was kaufen“. Schöne Worte alleine helfen nicht. Was wir brauchen sind barmherzige Menschen, die mit ihren Mitmenschen entsprechend umgehen. Die preist Jesus glücklich! Und wer so lebt wird früher oder später gleiches zurückbekommen. Nicht immer auf einmal, manchmal in kleine Portionen verteilt. Die sollen Barmherzigkeit erlangen. Unser Leben ist wie ein Bumerang. Was wir von uns geben, hinausschicken, kommt zu uns zurück. Wer hartherzig austeilt, wird entsprechendes ernten.
In Jakobus 2,13 heißt es: „Es wird ein unbarmherziges Gericht über den ergehen, der nicht Barmherzigkeit getan hat.“ Wer hingegen seinen Mitmenschen mit Liebe, Freundlichkeit und Mitleid begegnet, wird selber ähnliches erfahren. Ausnahmen bestätigen nur die Regel.
Weil Gott als Vater der Barmherzigkeit (2. Kor. 1,3) mit uns barmherzig umgeht, können, sollen auch wir barmherzig sein. „Seid barmherzig, wie euer Vater barmherzig ist“, fordert Jesus in Lukas 6,36.
Deshalb ist die Geschichte vom unbarmherzigen Knecht so unmöglich. Darin berichtet Jesus von einem Mann, der seinem König mehrere Millionen schuldete. Am Tag der Abrechnung konnte er nichts zurückbezahlen und flehte um Erbarmen. Der König ließ sich erweichen und erließ ihm alle Schulden. Als dann der Mann hinausging, traf er einen Kollegen, der ihm einen ganz kleinen Betrag schuldete. Er packte und würgte ihn und forderte unbarmherzig das Geld zurück. Der Kollege konnte nicht bezahlen und wurde ins Gefängnis geworfen. Skandalös, sagen wir. Genau!
Jesus macht deutlich, wer wirklich die Barmherzigkeit des himmlischen Vaters erfahren hat, wird sie weitergeben. Alles andere ist einfach unnormal.

Dann reagieren wir nicht mehr nur horizontal: Wie du mir, so ich dir, oder wie es in den Wald schallt, so schallt es zurück, sondern vertikal. Wie Gott mir, so ich dir! So leben und handeln wir im Echo-Gesetz der Liebe Gottes.
Es geht nicht darum, Fünf gerade sein zu lassen. In der Barmherzigkeit kommen Liebe und Wahrheit zusammen und machen sich mit ehrlicher Anteilnahme auf den Weg, Menschen in Not zu helfen.
Wie Barmherzigkeit praktisch werden kann, zeigen uns die sogenannten Werke der Barmherzigkeit, von denen Jesus in Matthäus 25 spricht und an denen er unseren Glauben erkennt. Fremde beherbergen, Nackte kleiden, Kranke und Gefangene besuchen, Hungrige speisen und Durstigen zu trinken geben. Barmherzige Menschen verändern die Welt und sind unbezahlbar. Ich will auch so einer sein.

## 66 Rein

*Selig sind, die reinen Herzens sind; denn sie werden Gott schauen. Matthäus 5,8*

Wir waschen uns, ziehen saubere Kleidung an und machen uns schön. Man will ja nicht schmutzig und mit schäbigen Klamotten herumlaufen. Unser Outfit ist uns wichtig, und bei anderen achten wir ebenfalls darauf und ordnen sie entsprechend ein. Das Äußere muss stimmen. So proklamiert es die Werbung und präsentiert uns am laufenden Band Menschen in Hochglanzformat. Jesus aber legt mehr Wert auf den inneren Menschen. Er preist glücklich, die ein reines Herz haben. Wer ein gereinigtes Herz hat, wird Gott sehen.
Antoine de Saint-Exupery hat Recht, wenn er in seinem Buch „Der kleine Prinz“, schreibt: „Man sieht nur mit den Augen des Herzens richtig.“
Davon schreibt auch Paulus im Brief an die Epheser, wenn er Gott darum bittet, den Gläubigen erleuchtete Augen des Herzens zu geben. Es geht darum, Jesus immer deutlicher zu erkennen, uns auf ihn zu konzentrieren und uns nach ihm zu richten. König David sagte von sich, er habe den HERRN allezeit vor Augen.
Aber wie schnell verschmutzen unsere Herzen. Über die Tage, Wochen und Jahre sammelt sich so viel an. Schlechte Gedanken, Neid, negative Bilder und das, was keiner wissen darf. Dadurch verlieren wir den Durchblick und die Aussicht. Der Blick auf Gott verschwimmt, wir verlieren die Freude und die Orientierung. Das ist wie mit einer Autofahrt im Sommer auf der Autobahn. Irgendwann wird die Windschutzscheibe zum Friedhof. Immer mehr Insekten kleben an der Scheibe. Wir versuchen, mit dem Scheibenwischer die Sicht freizuhalten. Aber die Scheibe verschmiert. Bevor Schlimmeres passiert und wir den Verkehr

und uns selbst gefährden, fahren wir an der nächsten Tankstelle raus und reinigen die Windschutzscheibe mit einem Wasserschwamm. Erleichtert und mit freier Sicht setzen wir unsere Fahrt fort.
Auch unsere Herzen brauchen immer wieder „Waschtage“. Nicht mit Wasser und Schwamm. Uns reinigt das Blut, welches Jesus am Kreuz vergossen hat. Es geht um Vergebung, die wir bittend und vertrauensvoll annehmen können. Reinigungs-Pausen lohnen sich. In Psalm 34,6 heißt es: „Die auf ihn sehen, werden strahlen vor Freude.“ Eben deshalb!

## 67 Frieden

*Selig sind die Frieden stiften; denn sie werden Gottes Kinder heißen. Matthäus 5,9*

Dass alle Welt sich nach Frieden sehnt, lässt uns erahnen, dass Streit und Krieg dominieren.
Frieden ist mehr als Waffenstillstand und Abwesenheit von Krieg. Er ist wohltuend und umfasst den ganzen Menschen, samt seinen Beziehungen und im Großen ganze Völker.
Streitstifter gibt es genug. Egal wo sie hinkommen, am Ende gibt es Streit oder kaputte Verhältnisse. Sie freuen sich, wenn andere, besonders ihre Konkurrenten, sich nicht verstehen und sich in den Haaren liegen. Notfalls helfen sie durch diskret gestreute Gerüchte nach. Was Gott darüber denkt, lesen wir in den Sprüchen Kapitel 6: Es ist ihm verhasst, wenn einer Streit zwischen Brüdern anzettelt.
Eine ganz andere Gesinnung zeigt sich bei den Friedensstiftern. Weil sie mit Gott Frieden haben, durch das, was Jesus Christus für sie getan hat (Römer 5,1), und weil sie deshalb mit sich selbst im Reinen sind, liegt es ihnen am Herzen, für den Frieden in ihrem Umfeld und in der Welt einzutreten. Der Frieden im eigenen Herzen zieht Kreise und wirkt ansteckend!
Die Friedfertigen werden aktiv und deshalb Friedensstifter. Sicher kann man sich da auch mal die Finger oder den Mund verbrennen. Aber das ist es wert, denn Frieden tut einfach gut! Wie heißt es doch in Psalm133, 1.3: „Siehe, wie fein und lieblich ist’s, wenn Brüder einträchtig beieinander wohnen! Denn dort verheißt der HERR den Segen und Leben bis in Ewigkeit.“
Frieden in der Gemeinde, Frieden in der Familie hat einen hohen Preis. Jesus hat sein Leben gegeben, damit er möglich wird. Durch seine Wunden hat er Frieden gemacht. Wir sind herausgefordert, notfalls nachzugeben, zuerst die versöhnende Hand auszustrecken, „entschuldige bitte“ zu sagen und für ihn zu beten.
Gott fordert uns durch sein Wort zum Frieden auf:

„Jagt dem Frieden nach gegen Jedermann." Hebräer 12,14 und „Ist's möglich, soviel an euch liegt, so habt mit allen Menschen Frieden." (Römer 12,18) Damit ist auch die Frage beantwortet: „Was ist, wenn der andere nicht will?" Die Friedenstifter werden Gottes Kinder heißen.
Sie machen dem Namen Gottes, d.h. seinem Wesen, alle Ehre. Frieden stiften ist geradezu das Markenzeichen der Kinder Gottes. Lasst uns für ihn eintreten. Durch Wort und Tat anderen sagen:
„Christus ist unser Friede". (Epheser 2,14) Deshalb reicht einander die Hände.
Frieden oder Streit? Wofür möchte ich unterwegs sein?

## 68 Verfolgt

*Selig sind, die um der Gerechtigkeit willen verfolgt werden; denn ihrer ist das Himmelreich. Matthäus 5,10*

Das ist die Höhe! Was sagt Jesus da? Glücklich zu preisen sind die Verfolgten. Was ist denn daran bitte lobenswert?
Wir glauben doch an Jesus, damit es uns gut geht und unser Leben gelingt! So wird doch oft zum Glauben eingeladen. Und nun kommt anscheinend das Kleingedruckte: Verfolgung, Bedrängnisse, wenn man so lebt wie es Gott gefällt!
Davon schreibt auch Paulus im 2. Timotheusbrief 3,12: „Im Übrigen sind Verfolgungen etwas, womit alle rechnen müssen, die zu Jesus Christus gehören und entschlossen sind, so zu leben, dass Gott geehrt wird."
Also kein Schönwetterglaube der aufhört, wenn er etwas kostet. Unser Glaube und unsere Liebe zu Gott sollen wachsen, im Gegenwind und trotz Verfolgung. Wir sind herausgefordert durchzuhalten und fröhlich aufs Ziel zu schauen. Ein paar Sätze später sagt Jesus: „Seid fröhlich und jubelt; es wird euch im Himmel reichlich belohnt werden." Und Paulus schreibt in Römer 8,18: „Denn ich bin überzeugt, dass dieser Zeit Leiden nicht ins Gewicht fallen gegenüber der Herrlichkeit, die an uns offenbart werden soll." Deshalb konnte er einer sein, der für seinen Glauben an Jesus viel auf sich nahm. Für die Interessierten nach zu lesen im 2. Brief an die Korinther Kapitel 11.
Laut Statistik werden jährlich weltweit über 100.000 Menschen auf Grund ihres christlichen Glaubens getötet.
„Das Blut der Märtyrer ist der Same der Kirche". Dieser Satz wurde in den ersten Jahrhunderten nach Chr. geprägt. Die Gläubigen merkten, dass sich Mission und Passion nicht trennen lassen. Und da sie nicht aufhören konnten, von Jesus zu erzählen und sie von ihm nicht lassen

konnten, weil er ihr Herz gewonnen hatte, gingen sie den Weg ins Leiden.
Z.B: Polykarp, der Bischof von Smyrna, der im Jahr 155 n. Chr. öffentlich verbrannt wurde.
Der Prokonsul stellte ihn vor die Wahl, den Namen Jesus zu verfluchen und dem römischen Kaiser zu opfern oder zu sterben. „Sechsundachtzig Jahre habe ich ihm gedient", sagte Polykarp, „in denen er mir nie etwas Böses zugefügt hat. Wie kann ich den König, der mich gerettet hat verfluchen?" Als der Prokonsul ihm mit dem Verbrennen drohte, erwiderte Polykarp: „Du drohst mir mit einem zeitlichen Feuer, das rasch erlischt, da du das Feuer nicht kennst, das die Gottlosen beim Jüngsten Gericht erwartet und sie auf ewig bestraft..."
Und wir? Mal schief angesehen werden, etwas Ablehnung wegen Jesus, - packen wir dann schon ein und hauen ab? Jesus möchte uns so groß und herrlich werden, dass wir „gerne" für ihn leiden. Und vielleicht ist gerade das der Weg zu einem erfüllten Christsein und zur Freude.

## 69 Salz

*Ihr seid das Salz der Erde. Matthäus 5,13a*

Was Salz wirklich bedeutet, weiß man wohl erst, wenn keines vorhanden ist.
Salz würzt nicht nur die Suppe, sondern ist lebensnotwendig. Um Salz wurden Kriege geführt.
Mit seinem Vergleich, misst Jesus seinen Jüngern eine große Bedeutung bei.
Er sagt nicht, „ihr werdet" oder „vielleicht", sondern „ihr seid" das Salz der Erde. Hier haben Christen keine Wahl. Es handelt sich um eine göttliche Bestimmung!
Und Jesus sagt auch nicht, „Salz der galiläischen Berge", oder „Salz des Mittelmeerraumes", sondern „Salz der Erde". Welch eine hohe Auszeichnung! Kann man da als Christ noch mit Minderwertigkeitsgefühlen rumlaufen? Wir tun gut daran zu bedenken, wie Jesus uns sieht und für welchen Auftrag er uns bestimmt hat.
Salz sein bedeutet, vor Fäulnis bewahren. Früher, bevor es Gefrierschränke gab, hat man auch bei uns Fleisch in einer Grube mit Salz konserviert. Christen haben eine bewahrende, Verderbnis aufhaltende Funktion. So lange der gerechte Lot in Sodom lebte, verschonte Gott die Stadt. Erst nach seinem Auszug regnete es Pech und Schwefel. Die Witwe in Sarpat überlebte mit ihrem Sohn in der Hungersnot, weil der Prophet Elia in ihrem Haus herbergte. Und der ungläubige Ehepartner, samt Kinder, ist durch den Gläubigen geheiligt.

Eine Oma, die für ihr Haus und ihre Kinder betet, ist goldwert. Meistens merkt man das erst, wenn sie nicht mehr da ist. Wer weiß, wie es in den Schulen und Betrieben aussehe, ohne gläubige Christen?
Salz bedeutet, durstig machen. In manchen Gaststätten stehen in einem Glas Salzstangen auf dem Tisch zum kostenlosen Verzehr für die Gäste. Dahinter steckt die Hoffnung des Gastwirts, dass der Gast dadurch richtig durstig wird und somit mehr zum Trinken bestellt.
Christen lösen bei anderen einen Durst aus. Einen Durst nach Christus und einem Leben mit ihm. Welche Sehnsüchte weckt mein Leben bei meinen Mitmenschen? Wenn uns jemand näher kennenlernt und fragend wird nach der Hoffnung in uns, sollen wir Rechenschaft geben (1. Petrus 3,15). In diesem Sinne führen Christen ein „fragwürdiges“ Leben.
Salz sein bedeutet, weh tun. Salz in der Wunde schmerzt, reinigt aber auch und fördert die Heilung.
Die Wahrheit kann manchmal weh tun. Wenn wir unserm Nächsten begegnen, ist das nicht immer nur angenehm. Vielleicht sind wir für manche ein schlechtes Gewissen. Dann, wenn wir nicht mitmachen beim schlecht Reden über andere oder beim „kleinen Betrug“ am Arbeitsplatz. Johannes der Täufer trifft Herodes Antipas ins Gewissen, als er ihm vorhält, dass es nicht O.K. ist, seinem Bruder die Frau auszuspannen. Wohlwollen konnte Johannes dadurch allerdings nicht ernten.
Ihr seid das Salz der Erde. Wir haben bewahrende, durstig machende und schmerzverursachende Bedeutung für die Welt. Und das alles, damit unser Christsein bedeutsam ist und auf Nichtchristen ansteckend wirkt.

## 70 Vorher

*Wenn ihr also vor dem Altar im Tempel steht, um zu opfern, und es fällt euch mit einem Mal ein, dass jemand etwas gegen euch hat, dann lasst euer Opfer vor dem Altar liegen, geht zu dem Betreffenden und versöhnt euch mit ihm. Erst dann kommt zurück und bringt Gott euer Opfer dar. Matthäus 5,23.24*

Unsere Gottesdienste sind oft wenig erbauend. Wir nehmen selten Segen und Kraft von Gott mit nach Hause. Unsere Abendmahlsfeiern berühren uns nur selten und entzünden keine Freude und Gewissheit des Glaubens in unseren Herzen. Woran liegt das?
Unsere Überlegungen und Antworten gehen schnell in Richtung langweilige Predigten, wenig überzeugte Verkündiger oder unpassende Lieder und Musik.
Jesus legt seinen Finger auf einen anderen wunden Punkt. Wir feiern unsere Gottesdienste, obwohl unsere Beziehungen untereinander nicht

geklärt sind. Wir empfangen das Abendmahl, obwohl wir mit anderen nicht versöhnt sind. Die Trennung vom Glaubensbruder, bzw. Glaubensschwester wird zur Belastung meines Gottesverhältnisses und lässt sich nicht durch Gottesdienst und frommes sonntägliches Verhalten überbrücken oder kompensieren.
Wer bewusst unversöhnt Gottesdienst feiert oder das gemeinsame Abendmahl nimmt, wird zum frommen Heuchler und kann nicht mit dem Segen Gottes rechnen.
Aber Jesus möchte uns segnen, im Gottesdienst begegnen und für die neue Woche beschenken.
Darum fordert er zu dem auf, was zuerst dran ist: Gehe zu dem Betreffenden und versöhne dich mit ihm! Danach komme in den Gottesdienst. Und wir werden den alten Gottesdienst ganz anders und neu erleben, weil wir nun erleichtert und befreit hören und empfangen. Meine Beziehung zu Gott lässt sich eben nicht von der, zu meinen Mitmenschen abkoppeln. Wer seinen Bruder hasst, ist ein Lügner, wenn er sagt, dass er Gott liebe. Gottesdienst ist nicht die eine Stunde am Sonntag, sondern mein ganzes Leben, sieben Tage die Woche. Eigentlich müsste über dem Ausgang des Gottesdienstraumes stehen: Nun betreten sie den Gottesdienst!
Und zu diesem gehört eben auch die Versöhnung mit denen, die auf mich berechtigt sauer sind.  Zu wem sollte ich zuerst gehen? Und Gott gebe mir die Kraft dazu!

## 71 Vater

*Unser Vater im Himmel!   Matthäus 6,9*

Mit diesen Worten beginnt das sogenannte Vaterunser, das wohl bekannteste und in fast allen Sprachen der Welt gesprochene Gebet. Wir kennen es vielleicht aus dem Gottesdienst oder Religionsunterricht in der Schule. Ein wirklich schönes und einprägsames Gebet. Bestimmt nicht schlecht, es ab und zu parat zu haben, wenn einem die eigenen Worte zum Beten fehlen. Aber wie bei allen bekannten Sachen kann es mir passieren, dass ich gedankenlos die Worte runterleiere. Mein Herz ist dann weit weg von dem, was meine Lippen da sprechen. Weil das oft passierte, nannte jemand das Vaterunser den größten Märtyrer der Kirchengeschichte. Aber so muss es ja nicht sein. Allein schon deshalb, weil Jesus selbst dieses Gebet seinen Leuten gelehrt hat. Er gibt ihnen mit dem Vaterunser nicht nur Worte zum Beten, sondern einen Leitfaden, so eine Art Modell fürs Gebet. Eine Anregung zum Weiterbeten mit eigenen Worten und Einbeziehung meiner persönlichen Lebensbezüge. Jesus empfiehlt uns, zum Vater im Himmel zu beten.

Also nicht Hauptsache man betet, sondern der Adressat ist wichtig. Die Gebete sollen ja an die richtige Stelle ankommen. Wenn du einen Liebesbrief schreibst, wirst du nicht sagen, Hauptsache ich habe den Brief gut geschrieben, wo er dann landet, ist nicht so wichtig. Nein, du wirst darauf achten, dass die Adresse des geliebten Menschen draufkommt, damit der Brief da ankommt. Wir dürfen zu Gott Vater sagen, ja sogar Papa. Der den Kosmos gemacht hat, die Welt in seinen Händen hält und allen Kreaturen Leben schenkt, ist mein Papa! Unfassbar! Ich darf auf dem Schoß und am Herzen dieses Vaters zu Hause sein und ihm alles sagen. Frage: Ist Gott der Vater aller Menschen, ähnlich wie Friedrich Schiller in seinem Gedicht „An die Freude“, sagt: „Brüder, überm Sternenzelt muss ein gütiger Vater wohnen“? Nein, Gott ist der Schöpfer aller Menschen und der Vater seiner Kinder. Und da kommt Jesus ins Spiel, denn alle, die an ihn glauben, dürfen zu Gott Vater sagen. Wenn du also etwas mit Jesus anfangen kannst, ich meine, wenn er dein bester Freund ist, der sein Leben am Kreuz für dich geopfert hat und du durch ihn Vergebung empfangen hast, bist du ein Kind Gottes und er dein Vater und viele andere deine Brüder und Schwestern. So gesehen lehrt Jesus nicht nur das Vaterunser, sondern er ermöglicht es auch, zu beten, indem er uns durch seinen Tod und seine Auferstehung zu seinen Kindern macht. Die Bezeichnung „Vater“ löst bestimmt unterschiedliche Emotionen aus. Je nachdem, wie einer seinen irdischen Vater erlebt oder eben nicht erlebt hat. Jesus wirbt bei uns um Vertrauen. Er sagte einmal, wer mich ansieht, sieht den Vater. Und ist Jesus nicht eine großartige Visitenkarte des himmlischen Vaters! So viel Liebe, Barmherzigkeit, Interesse, Wahrheit und Gerechtigkeit. Da kann man doch nur allzu gern Vater sagen, oder? Das Vaterunser besteht aus vierundsechzig Worten (so in der Lutherbibel) und da ist jedes Wort wichtig. „Unser“ heißt es. Ich kann den Vater nicht für mich privat „buchen“ oder gar gegen seine anderen Kinder, meinen Glaubensgeschwistern. Nein, dieser Vater hat keine Lieblingskinder, er mag sie alle und wünscht sich Frieden und gute Beziehungen in seiner Familie. Er will seine „Familie“ zusammenhalten und ist somit nur mit den anderen, nicht ohne sie, zu haben. „Unser Vater im Himmel“. Himmel meint nicht weit weg, irgendwo hinterm Mond, sondern überall und ganz nah. Himmel will uns sagen, dass Gott nicht an unsere irdischen Grenzen und Unvollkommenheiten gebunden ist. Himmel bedeutet: Mein Papa kann alles! Deiner auch!

# 72 Dein

*Dein Name werde geheiligt. Matthäus 6,9*

Alle Menschen laufen mit einer „White Box“ durch die Gegend. Mit einer kleinen eckigen Box überm Kopf. Das wirkt gespenstisch, unheimlich und futuristisch. Natürlich kann man diese Boxen nicht sehen, aber sie sind da. Und in dieser Box sind bei jedem kleine Zettelchen angeheftet, die man dann vor Augen hat. Das ist unsere „kleine Welt“ mit ihren kleineren und größeren Problemchen. Mit ein paar Freuden hier und da und mit Menschen, die einem gefallen oder einen nerven. Alles ziemlich eng und klein. Gott will uns diese Box vom Kopf nehmen und den Horizont erweitern. Er will uns zeigen, dass es viel mehr gibt, er groß und herrlich ist. Wir sollen dabeisein, wenn er etwas plant oder tut. Sein Anliegen, sein Herzschlag soll zu unserem werden. Deshalb geht es in den ersten drei Bitten um den Vater und nicht um uns. *Dein* Name, *Dein* Reich, *Dein* Wille! Das befreit mich. Mein Blick wird erhoben und auf ihn gelenkt. So lehrt uns Jesus im Vaterunser. Er weiß schon warum, denn wir neigen dazu, in uns und unseren Angelegenheiten stecken zu bleiben. Das Leben wird immer kleiner, der Horizont immer enger und die Box immer drückender. Unsere Gebete verarmen und drehen sich schnell um die 3 oder 4 gleichen Punkte. Dabei ist Gottes Welt und unsere Berufung so viel größer! „Dein Name werde geheiligt“, heißt die erste Bitte im Vaterunser. Also kein Gebot an uns, dass wir seinen Namen heiligen sollen, sondern die Aufforderung, ihn zu bitten, dass er es tue. Gott soll dafür sorgen, dass sein Name groß rauskommt und hell erstrahlt. Dass man von ihm gut denkt, ihm die Ehre gibt, ihn lobt. Sein Name und damit seine Persönlichkeit, soll nicht verspottet oder durch den Dreck gezogen werden. Ich werde nachdenklich, denn am liebsten würde ich ihn bitten meinen Namen groß zu machen, dafür zu sorgen, dass alle von mir gut denken und man mich lobt. Ich will gegrüßt und nicht übersehen werden. Und wehe, wenn einer schlecht über mich spricht oder mich tadelt. Und doch, ich will lernen, trainieren, dass es viel mehr um meinen himmlischen Vater, als um mich geht. Ich will mich nicht so wichtig nehmen und am Ende kein zu verehrendes Denkmal hinterlassen. Wenn man nur gut von Gott redet und sein Licht leuchtet, will ich mich freuen und deshalb beten wie der Psalmbeter im Psalm 115 : „Nicht uns, HERR, nicht uns, sondern deinem Namen gib Ehre um deiner Gnade und Treue willen!“ Des Weiteren merke ich doch, dass mein Leben etwas mit der Ehre und Heiligkeit Gottes zu tun hat. Wenn er unser Vater ist und wir seine Kinder, fällt unser Benehmen auf ihn zurück. Da möchte ich weiter beten und ihm noch sagen, dass er seine gute Art durch mein Leben aufleuchten lasse. Dass man bei mir etwas von seiner Wahrheit und Liebe spürt.

# 73 Herrschaft

*Dein Reich komme. Matthäus 6,10*

So lehrt uns Jesus im Vaterunser beten. Mir fällt dazu der Traum von König Nebukadnezar ein. Er sah eine große Menschenstatue im Tal stehen und einen Stein, der herunterrollte, die Statue zertrümmerte und dann die ganze Welt ausfüllte. Daniel, der Mann Gottes konnte diesen Traum deuten. Die Statue verkörpert die Weltreiche, und der Stein kommt von Gott und steht für sein Reich, seine Königsherrschaft. „Dein Reich komme", ja am Ende unserer Zeit wird Jesus sichtbar auf diese Erde zurückkommen, die Reiche dieser Welt besiegen und seine Herrschaft für ewig aufrichten. Dafür sollen wir beten und so schildert es die Offenbarung des Johannes. Es stimmt, was Gustav Heinemann, einer der ersten Präsidenten unseres Landes seinerzeit sagte: „Die Herren dieser Welt gehen, unser Herr kommt!" Aber Gottes Reich ist nicht nur zukünftig, sondern schon längst angebrochen. Mit Jesus ist es zu uns gekommen. Er sagte gleich am Anfang seines öffentlichen Auftretens: „Es ist soweit, und das Reich Gottes ist herbeigekommen. Kehrt um und glaubt an das Evangelium." (Markus 1,15). Gottes Herrschaft hat mit Jesus und durch ihn angefangen. Wo Jesus ist, wo er das Sagen hat, ist Reich Gottes. Ein ganz anderes Reich, als die Reiche dieser Welt. Gottes Herrschaft soll die ganze Welt erfassen, aber auch mein Leben. Er möchte der König meines Herzen sein, schon heute. Oft denken wir, der Mensch ist frei, sein eigener Herr und kann tun und lassen was er möchte. Aber stimmt das, sind wir wirklich so frei? Martin Luther formulierte: „Der Mensch wird entweder vom Teufel oder von Gott geritten". Jesus will mich befreien von Mächten, die mich kaputt machen, von fremden Herren, die mich versklaven. Zorn, Bitterkeit, Sünde und Süchte müssen weichen wenn er kommt und in mir regiert. Jesus ist sanftmütig und demütig, ein König, der mich nicht in den Ruin treibt. Wenn ich mein Leben mit einem Haus vergleiche, habe ich ein verständliches Bild für die Bitte: „Dein Reich komme". Jesus kommt in mein Haus. Ich habe ihm die Tür geöffnet. Er steht im Flur und nun geht es darum, ihm, meinem Herrn und Freund, die Schlüssel zu den einzelnen Räumen meines Lebenshauses zu geben. Nur so kann er in allen Bereichen regieren, heil machen. Er möchte ins Wohnzimmer und meine Beziehungen, meinen Umgang mit meinen Mitmenschen heilen. Er steht vor der Küchentür und bittet um den Schlüssel, damit meine Ess- und Trinkgewohnheiten durch ihn gesundwerden. Im Bad will er meine Gedanken und mein Herz reinigen. Jetzt steht er vorm Hobbyraum. Meine Freizeit interessiert ihn. Er möchte mir helfen, gut und heilsam mit Medien umzugehen. Auch im Schlafzimmer hat Jesu was zu suchen. Das eheliche Zusammensein darf neu und erfrischt

werden, Verwundungen und Enttäuschungen geheilt werden. Und dann steht er plötzlich vor der Kellertür. Er hat es auf die „Leichen, die im Keller liegen“, abgesehen. Denn Jesus weiß, dass in Wirklichkeit Zeit keine Wunden heilt und Verbrechen, egal wie lange sie zurückliegen, nur durch seine Vergebung gesühnt werden können. Deshalb, lass ihn nicht im Flur stehen!
„Dein Reich komme“, damit bitten wir Gott, dass er seine Königsherrschaft sichtbar in dieser Welt aufrichten möge und wir bitten darum, dass Menschen zum Glauben an Jesu kommen und seine gute Herrschaft sich in ihrem Leben auswirkt. Dein Reich komme, bist Du dabei?

## 74 Wille

*Dein Wille geschehe wie im Himmel so auf Erden. Matthäus 6,10*

„Mein Wille ist mein Königreich“, sagen oder denken viele Menschen. Ich lass mir nicht dreinreden und bin nicht bereit, mich unter den Willen eines anderen zu stellen. Das wäre ja noch schöner, wo kommen wir denn da hin! Höchstens mein Chef darf das, denn ich möchte meine Arbeit behalten und Geld verdienen. Unsere Sprache spiegelt diese vorherrschende Haltung wider mit Worten wie: selbstständig, Selbstbestimmung, Selbstfindung, Selbstverwirklichung, selbstgerecht … Wir möchten autonom sein! Eigentlich verständlich. Haben nicht zu viele Missbrauch betrieben und ihren Willen anderen aufgezwungen? Und wurde nicht in manchen Kreisen pädagogisch davon gesprochen, man müsse den Willen des Kindes brechen und notfalls mit der Rute nachhelfen? Als ob der Wille schlechthin das Übel im Menschen wäre. Trotz allem, Jesus lehrt uns beten: „Dein Wille geschehe wie im Himmel so auf Erden“. Er lädt uns ein, Gott zu vertrauen und zu glauben, dass das, was er will, besser ist, als das, was wir oft wollen. Der Himmel ist Himmel, weil Gottes Wille dort vollkommen geschieht und überall, wo sein Wille auf dieser Erde oder in meinem Leben passiert, bricht ein Stück Himmel an. Glaubst du das? Wie gesagt, das klappt nur, wenn ich ihm vertraue und weiß, dass der Vater im Himmel nur das Beste für mich will. Dabei wird er nicht alle meine Wünsche erfüllen, aber meine Bedürfnisse. Nur wenn ich Gott vertraue und weiß, dass er absolut gut ist, lerne ich seinen Willen zu akzeptieren und ihm gehorsam zu sein. Und woher weiß ich, was er will? Nun, es steht Schwarz auf Weiß in der Bibel. Da steht so viel drin, z.B. etwas über Beziehungen, Geld, Beruf, Familie, Ehe, Glauben. Im Alten Testament haben wir die Zehn Gebote oder Aussagen wie: „Es ist dir gesagt, Mensch, was gut ist und der HERR von dir fordert, nämlich Gottes Wort einhalten und Liebe ausüben und demütig sein vor deinem Gott“ (Micha 6,8). Im Neuen Testament heißt es z.B.: „Gott will, dass alle Menschen gerettet werden und die Wahrheit erkennen“; „Seid in allem dankbar, denn das ist Gottes Wille in Christus Jesus an euch“; „Gott will, dass ihr ein geheiligtes Leben führt. Dazu gehört, dass ihr euch von aller sexuellen Sünde fernhaltet“. Was will Gott für mich? Wer aufrichtig fragt und sucht, wird eine Antwort finden und er darf wissen, dass der gute Wille des himmlischen Vaters über seinem Leben geschieht. Und trotzdem tue ich mich oft schwer damit. Ich sage, Gott zeige mir, was Du willst; dann überlege ich mir, ob ich es auch will und werde entsprechend Ja oder Nein sagen. Bloß, so geht das nicht. Gott sagt, vertraue mir, unterschreibe das leere Blatt und lass mich danach den Inhalt der Seite ausfüllen. Er möchte erst mein Ja und mir dann seinen guten Willen zeigen. Gottes Wille geschieht und er kommt mit mir an sein Ziel. Selbst wenn ich hier und da falsche Entscheidungen getroffen habe. Gott kann auch auf krummen Wegen gerade schreiben und der Weg zum Himmel ist häufig wie eine Zickzacklinie. „Dein Wille geschehe“, auch wenn es schwer wird, sein Wille ins Leiden führt. Jesus ringt im Garten Gethsemane mit dem Tod. Seine Schweißtropfen werden wie Blutstropfen. Er bittet seinen Vater: „Nimm diesen Kelch von mir, doch nicht mein, sondern dein Wille geschehe.“ Der Vater nahm den Kelch nicht weg, Jesus musste für uns am Kreuz sterben. Aber was der Vater tat: er schickte einen Engel vom Himmel, der seinen Sohn stärkte. Der Schreiber des Hebräerbriefs sagt dazu:

„Obwohl er Gottes Sohn war, hat er doch an dem, was er litt, gehorsam gelernt“.

Wenn die Mutter sagt: Junge hier hast du zwei Euro, kauf Dir ein leckeres Eis, und er geht hin und kauft es, wissen wir noch nicht, ob er seiner Mutter gehorsam ist. Wenn sie aber sagt: Junge, bring den Müll runter und fege die Straße, und er tut es, wissen wir es schon eher. So kann gerade auf schwierigen Wegen mein Vertrauen zu Gott wachsen und sich im Gehorsam zeigen. Corrie ten Boom, jene Frau, die im 2. Weltkrieg Juden versteckte und dafür im KZ landete, sagte folgendes:

„Der sicherste Ort auf Erden ist im Zentrum von Gottes Willen“. Da will ich auch Zuhause sein.

## 75 Essen

*Unser tägliches Brot gib uns heute. Matthäus 6,11*

Ein Bäcker sagte kürzlich, er müsse seine Backwaren nicht so gestalten, dass sie den Appetit stillen, sondern so, dass sie Appetit wecken. Wir haben bei uns eine riesige Auswahl und unüberschaubare Mengen an guten Nahrungsmitteln. Wir fragen nicht, ob wir etwas zum Essen bekommen, sondern was, und wie es schmeckt und ob es auch gesund genug sei. Das sind Sorgen. Die meisten Menschen wären froh, wenn sie die hätten. Bei ihnen geht es ums Überleben und täglich sterben viele Tausend an Unterernährung. Und wir, wir leben im Überfluss! Mit den zurzeit jährlich in Deutschland weggeworfenen Nahrungsmitteln könnte man einen Güterzug befüllen, der von Berlin bis Moskau reicht. Und wir sollen, dürfen bitten: Unser tägliches Brot gib uns heute. Können wir um die zehnte Scheibe Brot bitten, wenn viele Menschen nicht einmal die erste haben? Aber vielleicht kann uns gerade diese Bitte auf den rechten Weg führen. Was wir haben ist nicht selbstverständlich, sondern kommt von Gott, unserm Vater. Das sollten wir bedenken: auch, wenn wir das Brot vom Bäcker, die Wurst vom Schlachter und die Milch aus dem Supermarkt holen. Auch, wenn wir dafür gearbeitet haben und mit unserem wohlverdienten Geld bezahlt haben. Denn Wachstum und Gedeihen kommt allein von Gott. Ohne Regen und Segen bleiben auf Dauer die Regale und dann auch die Mägen leer. An Gottes Segen ist eben alles gelegen. Wir sind von ihm abhängig; zum Glück von ihm und nicht von… Er möchte gebeten sein und uns lehren, dass alle guten Gaben von ihm kommen. Es ist das tägliche Brot und nicht der große Vorrat, auf den wir uns dann verlassen. Gott will uns abhängig machen, von sich und seiner steten Versorgung. So sind wir nahe beim himmlischen Vater, sehen auf ihn und vertrauen ihm. Er hat uns gestern versorgt, er tut es heute und wird uns auch morgen nicht vergessen. Und vielleicht kommt die Zeit, in der auch wir aus tiefstem Herzen diese Bitte beten , dann, wenn unser Tisch nicht mehr so reichlich gedeckt ist und wir merken, dass nichts selbstverständlich war. „Unser" und „uns". Kein Ego-Gebet, kein Brot ohne die anderen. Kein Brot auf Kosten anderer. Unser Essen hat einen faden Beigeschmack, solange andere hungern und wir tatenlos zusehen. Unser tägliches Brot gib uns heute, kann ich erst dann mit gutem Gefühl beten, wenn ich bereit bin, weiterzugeben, zu teilen. Wer das wirklich will, wird einen Weg finden, es zu tun. Das wirkt ansteckend, wie folgende Begebenheit, die Johannes Kuhn erzählte, verdeutlicht: Ein alter Medizinalrat war gestorben, und als seine Söhne den Nachlass ordneten, kam ihnen auch ein halbes, steinhartes Brot unter die Hände. Sie wollten es schon wegwerfen, als die alte Haushälterin es sah und ihnen folgende Geschichte dazu erzählte: „Mit diesem Brot hat es eine besondere Bewandtnis. In der schlechten Zeit nach dem Krieg, bekam es der Medizinalrat von einer Frau geschenkt, deren Kinder er umsonst behandelt hatte. Da er wusste, dass es einer alten Frau im Nebenhaus viel schlechter ging als ihm, hat er ihr das Brot geschenkt. Die erinnerte sich an einen jungen Mann, der ihr immer wieder Kohlen geschleppt und Einkäufe für sie getätigt hatte, und gab es ihm weiter. Der junge Mann aber kannte eine Familie mit mehreren

Kindern, denen der Hunger oft aus den Augen schaute. Denen brachte er das Brot. Diese Familie wiederum wollte sich dem Medizinalrat, der öfter mal geholfen hatte, erkenntlich zeigen und gab das Brot an ihn weiter. Wir haben es gleich wiedererkannt an der Marke, die unten aufklebte. Niemand hatte von diesem Brot gegessen, und doch hat es jeden satt gemacht - satt an Liebe."

## 76 Vergebung

*Und vergib uns unsere Schuld, wie auch wir vergeben unsern Schuldigern. Matthäus 6,12*

Ich erinnere mich an ein eindrückliches Erlebnis aus meiner Jugendzeit. Wir hatten auf dem Bauernhof nicht nur Kühe und Schweine, sondern auch Hühner. Und die legten nicht nur Eier, sondern machten auch Mist. Deshalb musste ein Mal im Jahr der Hühnerstall ausgemistet werden. Diesmal traf es mich, und meine Mutter half mir dabei. Mit der Mistgabel bewaffnet, gabelte sie den Hühnermist aus dem Stall. Und dann der Schrecken, unterm Mist hatten sich Ratten eingenistet. Zum Glück war unser Hund Bello dabei und biss immer wieder in eine, bevor sie flüchten konnte. Den Rest erledigte ich mit der Plattschaufel und haute drauf. Am Ende lagen achtundzwanzig fette Ratten auf dem Hof vorm Hühnerstall. Mit unserm Leben ist es ähnlich.
Es muss öfters ausgemistet werden, sonst fängt es an zu stinken und die „Ratten" nisten sich ein. Ich spreche von Schuld und Sünde, von all dem, was sich da bei mir ansammelt und Gott nicht gefällt. Vielleicht habe ich mich dran gewöhnt und mich arrangiert. Aber Gott will mein Herz reinigen und mir meine Schuld wegnehmen. Ich darf bei ihm abgeben und bekennen. Vielleicht sogar täglich. Viele weisen Schuld und Sünde weit von sich weg. Die gibt es gar nicht, höchstens Probleme. Und wenn, dann sind andere Schuld. Und überhaupt, treibt nicht die Kirche ihr „Geschäft" damit? Erst wird einem ein schlechtes Gewissen gemacht, dann Absolution erteilt und so werden die Leute klein und abhängig gehalten. Aber Jesus lehrt uns beten: „Vergib uns unsere Schuld". Die Bibel kennt eine zweifache Vergebung. Einmal grundsätzlich, wenn jemand zum Glauben an Jesus kommt und ein Kind des himmlischen Vaters wird. Dann sind ihm alle Sünden vergeben, die der Vergangenheit, der Gegenwart und der Zukunft. Zum andern eine „tägliche" Vergebung. Diese ist nötig, wenn die Beziehung zum himmlischen Vater verletzt wird. Gott verwirft mich dann nicht, aber er will, dass wir gut miteinander sind. Luther prägte den Satz: „simul justus et peccator" (Christen sind Gerechte und Sünder zugleich). Timothy Keller formuliert diese Tatsache so: „Ein Christ hat mehr Macken und

Sünden, als man sich vorstellen kann, und ist mehr von Gott geliebt und angenommen, als man je hoffen könnte.“ Das ist kein Freibrief zu einem gottlosen Leben, sondern eine Ermutigung, meinem himmlischen Vater „allen Mist und alle Ratten“ zu bringen. „Vergib uns unsere Schuld, wie auch wir vergeben unsern Schuldigern“. Kommt da jetzt eine Bedingung? Ist die Gnade doch nicht umsonst, wenn Gott seine Vergebung an unsere Vergebungsbereitschaft knüpft? Nun, der Vater möchte, dass in seiner Familie eine gute Atmosphäre herrscht. Und dazu gehört, dass auch wir uns untereinander verzeihen. Wenn wir die Schuld des anderen loslassen, werden wir frei für Gottes Liebe und Vergebung.
„Wenn ich dem anderen die Schuld nicht vergebe, ist es so, als ob ich Gift trinke und meine, dass der andere daran stirbt“. Dieser Satz stammt von Frieda Gashumba, die 1994 durch den Völkermord in Ruanda alle ihre Angehörigen verlor.
Damals schlachteten sich innerhalb weniger Monate über achthunderttausend Menschen ab. Sie selbst wurde totgeglaubt in ein Massengrab geworfen. Wie durch ein Wunder überlebte sie und fand durch einen längeren Prozess der Genesung und Versöhnung ins Leben zurück. Wenn sie konnte, kann ich dann nicht auch meinen Mitmenschen, ja sogar meinen Feinden vergeben? Ja, ich kann, aber ich kann nicht, weil ich kann, sondern weil Gott mir vergibt und ich diese Vergebung weitergebe. Nur mit geistlichem Durchblick kann man beten wie Martin Luther: „Vergib auch allen unseren Feinden und allen, die uns ein Leid oder Unrecht tun, wie auch wir ihnen von Herzen vergeben. Denn sie tun sich selbst damit das größte Leid, dass sie dich durch ihr Tun an uns erzürnen; uns ist ja mit ihrem Verderben nichts geholfen; wir wollten sie viel lieber mit uns gerettet sehen. Amen.“

## 77 Versuchung

*Und führe uns nicht in Versuchung, sondern erlöse uns von dem Bösen. Matthäus 6,13*

„Milka... die zarteste Versuchung, seit es Schokolade gibt“. Ein Werbeslogan, der mehr als dreißig Jahre lang seine Hörer das Wasser im Mund zusammenlaufen ließ. Sind Versuchungen so harmlos? Die Pop Ikone Madonna sagte: „Versuchung ist dazu da, dass man ihr nachgibt“. Und von Oscar Wilde stammt der Satz: „Allem kann ich widerstehen, nur der Versuchung nicht“. Soll ich bei den Steuerangaben betrügen? Schwarzarbeit oder Handwerker bestellen? Die attraktive Kollegin - flirten oder...? Auf AUS schalten oder den „Schmutz“ weiter anschauen? Versuchungen wollen mich auf einen schlechten Weg führen und von Gott wegbringen. Sie versprechen viel, geben wenig und nehmen am Ende alles. Über unsere Bitte im Vaterunser wurde viel diskutiert. Will Gott uns etwa versuchen, so, dass wir ihn bitten sollen, es nicht zu tun? Im Jakobusbrief heißt es doch: „Niemand, der in Versuchung gerät, kann behaupten: Diese Versuchung kommt von Gott. Denn Gott kann nicht vom Bösen verführt werden, und er verführt auch niemanden zum Bösen“. So kommt es, dass manche Übersetzer unsere Bitte anders formulieren: „Lass uns nicht in Versuchung geraten“ oder „Führe uns in der Versuchung“. Verständlich! Aber manchmal liegt die Wahrheit dazwischen. Heißt es nicht auch in der Bibel: „Und der Geist führte Jesus in die Wüste, damit er vom Teufel versucht würde“ (Mt 4,1). Oder: „Nach diesen Geschichten versuchte (o. prüfte) Gott Abraham…“ (1. Mo 22,1). Vielleicht können wir uns darauf einigen und sagen, dass wir Gott darum bitten, uns nicht in Situationen zu führen, in der wir versucht werden und drohen zu Fall zu kommen. Und weil im Grundtext für Versuchung und Erprobung das gleiche Wort steht, mag es darum gehen, mich in schwierigen Situationen richtig zu entscheiden. Gott will mich prüfen, meinen Glauben stärken, aber der Teufel will mich zum Bösen versuchen. Beispiel: Der neue Nachbar passt mir gar nicht. Er nervt nur! Nun kann ich hingehen und über ihn schimpfen und einen schlechten Ruf über ihn verbreiten. Oder ich kann anfangen für ihn zu beten und ihm freundlich begegnen. In der ersten Reaktion wurde die Situation für mich zur Versuchung, der ich erlag. In der Zweiten wurde die gleiche Situation für mich zur Glaubensprüfung, die ich bestand. Eigentlich sind Versuchungen ein Kompliment, denn ich habe etwas, was so kostbar ist, dass es mir einer wegnehmen möchte. Wo kein Glaube ist, kann auch keiner versucht werden. In diesem Sinne sagte Martin Luther: „Keine Anfechtung ist größte Anfechtung“. Wenn Versuchungen kommen, will ich Gebet dagegenhalten. Zu seinen Leuten sagte Jesus: „Wachet und betet, dass ihr nicht in Versuchung fallt“. Nur wer versucht, der Versuchung zu widerstehen, weiß, wie stark sie ist. Darum will ich nicht auf meine Widerstandskraft vertrauen, sondern auf Jesus. Von ihm heißt es: „Denn worin er selber gelitten hat und versucht worden ist, kann er denen helfen, die versucht werden“ (Hebr 2,18). Und wenn ich mal versage und falle, will ich wieder aufstehen und weitergehen, an seiner Hand.

Odysseus kam auf seiner Fahrt an die Inseln der Sirenen. Die Sirenen faszinierten mit ihren verführerischen Stimmen die Seeleute so sehr, dass die ihren Kurs aufgaben, um jenen herrlichen Stimmen zu folgen. Aber der neue Kurs war tödlich, denn die Schiffe zerschellten an den Klippen. Odysseus ließ sich von seinen Gefährten an den Mastbaum binden, damit er nicht von den verführerischen Stimmen weggelockt

werden konnte. So entkam er der unwiderstehlichen Versuchung und überlebte.
Und ich will an Christus den Gekreuzigten gebunden sein. Das soll meine Freiheit sein, entgegen den sklavischen Bindungen der Versuchungen.

## 78 Herrlich

*Denn dein ist das Reich und die Kraft und die Herrlichkeit in Ewigkeit. Amen. Matthäus 6,13*

So endet das Vaterunser. Aber eigentlich ist unser Gebet nicht zu Ende. Wir stehen nicht vor einer Wand, sondern schauen durch den Vorhang in eine wunderbare Zukunft. Wir sehen sein Reich, seine Kraft und Herrlichkeit. Von Gott her kommt ein Hoffnungsstrahl in das Herz des Beters. Das Vaterunser endet nicht mit stöhnen und seufzen, sondern mit dem Ausblick auf Gott und seinen Möglichkeiten. Der Tonfall geht nicht nach unten, sondern nach oben. Die Häupter senken sich nicht, sie erheben sich. Wir beenden das Gebet nicht in Mutlosigkeit und Resignation, sondern mit gespannter Erwartung auf Gottes Zukunft und Handeln. Am Ende steht der Lobpreis, die Anbetung und Verherrlichung des himmlischen Vaters. Wir proklamieren seine Größe! Wir haben ihm unsere Bitten ans Herz gelegt und nun bekennen wir, dass er nicht nur helfen will, helfen darf, sondern auch helfen kann. Jesus hat Bevollmächtigung und Kraft. Beides! Wir oft nicht.
Ein Beispiel: Ich sitze gemütlich auf einer Bank und schau dem Treiben auf dem Spielplatz vor mir zu. Da sehe ich doch, wie ein kleiner Junge seine Mutter an den Haaren zieht und ihr ins Gesicht spuckt. Unerhört, da muss ich eingreifen, oder? Die Power dazu hätte ich, aber nicht die Autorität, die Bevollmächtigung. Jesus hat immer beides, alle Kraft und jegliche Legitimierung. Er ist Gottes Sohn. Deshalb beten wir: „Ja, Herr, du hast ja die Macht, alles das zu tun, was du uns zu bitten gelehrt hast.“ Und wir halten daran fest, auch wenn es heute oft anders aussieht, die Umstände anders scheinen als Gottes Wirklichkeit und Verheißung. Wir leben in dem Spannungsfeld zwischen dem „schon jetzt“ und dem „noch nicht“. Oder wie es der Theologe Hartmut Schmidt ausdrückte: „Mit Jesus fehlt mir nichts, bis er wiederkommt noch viel.“ Und der Schreiber des Hebräerbriefes formuliert diese Tatsache folgendermaßen: „…alles hast du ihm unter seine Füße getan.
Wenn er ihm alles unter die Füße getan hat, so hat er nichts ausgenommen, was ihm nicht untertan wäre. Jetzt aber sehen wir noch nicht, dass ihm alles untertan ist.“ (Hebr 2,8) Aber gerade deshalb ist Beten so wertvoll. Es entlastet uns und erhebt unser Herz in die

Gegenwart des Vaters. Ich habe eine Geschichte über eine ältere Frau gelesen. Sie war schwerbeladen mit einem Rucksack zu Fuß unterwegs auf dem Weg nach Hause. Ein Autofahrer hielt an und nahm sie auf der offenen Ladefläche seines Wagens mit. Da saß die Frau, sie musste nicht mehr zu Fuß laufen, aber den schweren Rucksack behielt sie auf dem Rücken. Schade, denn sie hätte es noch besser haben können. Anders ist es, wenn wir glaubensvoll beten, mit Ausblick auf Gottes Möglichkeiten und Herrlichkeit, dann werden wir nicht nur mitgenommen, sondern auch entlastet, heute schon! Amen, so ist es!

## 79 Zuerst

*Wenn ihr für ihn lebt und das Reich Gottes zu eurem wichtigsten Anliegen macht, wird er euch jeden Tag geben, was ihr braucht. Matthäus 6,33*

Am Anfang eines Semesters erteilte ein Professor seinen Studenten folgende Lektion:
Vorne stand ein großes, leeres Glas. Er befüllte es mit großen Steinen. Doch es blieb noch Platz, sodass er kleine Kieselsteine dazu füllte. Noch immer waren kleine Freiräume im Glas, sodass er feinen Sand hineinschüttete. Und zuletzt konnte er sogar noch Wasser dazu gießen. Aber dann war das Glas randvoll.
Zu den Studenten gewandt sagte der Professor:
„Wenn die großen Steine nicht zuerst reinkommen, kriegen wir sie nachher nicht mehr rein.!"
Es geht darum, die richtigen Prioritäten zu setzen. Nicht nur im Studium, sondern im Leben. Hierbei sind nicht immer die dringlichsten Sachen die Wichtigsten. Wir sind aufgefordert, die großen Steine zu entdecken und sie an Platz Nummer 1 unserer Prioritätenliste zu setzen. Alles andere wird sich ergeben. Gott wird für die täglichen Dinge sorgen. Keine Angst, wir kommen dabei nicht zu kurz! Beziehungen sollten ganz oben auf der Liste stehen, die zu Gott und die zu den Mitmenschen.
Wer allerdings das Pferd von hinten aufsattelt, wird nie fertig werden, gerät vom Hundertstel ins Tausendstel und verzettelt sich. Viele sagen, wenn ich erst dies und jenes erledigt habe, dann habe ich Zeit für Jesus und seine Anliegen in dieser Welt. Pustekuchen!
Leider werden diese Christen bis zuletzt so reden und immer etwas haben, was sie hindert, Jesus von ganzem Herzen zu dienen und sich für seine Sache zu engagieren. Für sie trifft zu, was in einem Lied so formuliert wird:
„Was könnte Gott aus deinem Leben machen, wenn du ihn nur Herr sein ließest ganz und gar." Traurig und schade! Dabei macht uns Jesus

doch ein lukratives Angebot: „Wenn du dich um meine Anliegen kümmerst, kümmere ich mich um deine.“
Wer sich darauf einlässt und Jesus darin vertraut, wird staunen, wie sich die Dinge des Lebens regeln und Gott für ihn sorgt, ganz praktisch, in den alltäglichen Dingen. Es kann sein, dass ich dabei nicht immer bekomme, was ich wünsche, aber auf jeden Fall das, was ich brauche.
Luther übersetzt: „so wird euch das alles zufallen.“ Ein göttlicher Zufall! Den lasse ich mir gefallen. Danke!

## 80 Schmal

*Geht hinein durch die enge Pforte. Denn die Pforte ist weit und der Weg ist breit, der zur Verdammnis führt, und viele sind's, die auf ihm hineingehen.Wie eng ist die Pforte und wie schmal der Weg, der zum Leben führt, und wenige sind's, die ihn finden! Matthäus 7,13.14*

„Alle Wege führen nach Rom“, sagt man. So ist das aber bei Gott nicht. Nur ein Weg führt zum Ziel, in den Himmel. Jesus nennt ihn den schmalen Weg mit der schmalen Pforte.
Der andere, der breite Weg, hat eine breite Pforte und führt ins ewige Verderben. Hier malt die Bibel Schwarz-Weiß. Entweder, oder! Breiter oder schmaler Weg! Einen dritten gibt es nicht. Entweder bin ich Christ oder ich bin kein Christ. Ein halber Christ ist ein ganzer Unsinn. Ein bisschen Christsein gibt es genauso wenig, wie ein bisschen geboren sein oder ein bisschen verheiratet sein. Entweder ist jemand geboren oder nicht. Entweder ist einer verheiratet oder nicht. Und so ist es eben auch mit dem Glauben an Jesus. Ich bin 100% Gottes Kind oder 0%. 10%, 30%, 75% oder 98% gibt es nicht.
Erschreckend ist die Tatsache, dass die meisten Menschen auf dem breiten Weg unterwegs sind. Diese Menschen werden schier vom Strom mitgerissen. Von dem, was gerade „in ist“, was man tut oder eben alle tun. Vielleicht ist es ihnen nicht einmal bewusst.
Auf dem schmalen Weg sind vergleichsweise nur wenige. An einer anderen Stelle spricht Jesus von der kleinen Herde. Es mag sein, dass dieser Weg beschwerlich, steil und holprig ist, aber er hat ein wunderbares Ziel: Leben, echtes, ewiges Leben! Und dieses Leben wirft schon heute seine Strahlen auf den Weg. Um auf diesen Weg des Lebens zu kommen, müssen wir durch die enge Pforte gehen. Eng, damit wir nur dann durchpassen, wenn wir alles ablegen. Im Grunde genommen unser altes, sündiges Leben. Hier kann keiner etwas durchschmuggeln. Wir wären ja auch dumm, wenn wir uns weiterhin mit Schuld, Sünde und Gebundenheiten abplagen, obwohl Jesus sie auf sich nahm und dafür starb. Ja, diese Tür hat einen Namen: Jesus. Er

sagt von sich: „Ich bin die Tür, wenn jemand durch mich hineingeht, wird er gerettet werden.“ Johannes 10,9.
Und dann zählt nicht mehr, was alle tun, sondern was Jesus tut und will.
Auf welchem Weg befinde ich mich?
Bin ich auf dem breiten Weg, dann bin ich eingeladen diesen zu verlassen, am Kreuz abzuladen und den Schritt über die Schwelle zu wagen. Durch ein ehrliches Gebet wird diese Entscheidung praktisch.
Und wenn ich mich auf dem schmalen Weg befinde, bin ich aufgefordert, andere zum Fest des Lebens einzuladen.

# 81 Seine

*... ich will meine Gemeinde bauen und die Pforten der Hölle sollen sie nicht überwältigen. Matthäus 16,18*

Mensch, bin ich froh! Die christliche Gemeinde gehört nicht dem Pastor oder den Leitern oder den Begabtesten; auch nicht den Finanzstärksten oder Klügsten, schon gar nicht den Lautesten. Sondern Jesus!
Er sagt: Meine Gemeinde! Ihm gehört sie. Und das schon 2000 Jahre. Er hat sich für sie geopfert und damit für sich erkauft. Er achtet auf seine Gemeinde, bewahrt sie durch Stürme hindurch und versorgt sie zuverlässig. Er ist für sie da, noch mehr, als gute Eltern für ihre Kinder. Deshalb will ich gerne dazugehören, einen besseren „Chef“ kann es nicht geben.
Und dann sagt er: Ich will sie bauen. Also, wenn Menschen zum Glauben kommen, Gemeinde entsteht oder sogar wächst, dann ist ER das Geheimnis dahinter. Wir müssen deshalb nicht untätig bleiben. Weil ER alles wirkt, sind wir ganz herausgefordert, uns ihm zur Verfügung zu stellen. Er baut eben seine Gemeinde durch uns, manchmal auch ohne uns oder sogar trotz uns.
Und die „Pforten der Hölle“ sollen die Gemeinde nicht überwinden. Was immer auch damit gemeint sein mag, wir ahnen, dass die Gemeinde Gottes durch niemand und nichts „klein zu kriegen“ ist. Man kann an dieser Stelle auch übersetzen: die „Pforten der Hölle“ können die Gemeinde nicht aufhalten. Am Anfang waren es, sagen wir mal, zwölf Männer... und heute? Es gibt kein Land, indem nicht Menschen Jesus lieben und sogar bereit sind, für ihn zu sterben.
Überall gibt es Gemeinden – ihre Zahl ist nicht zu zählen. Und da, wo man dem Glauben an Jesus am meisten Widerstand entgegenbrachte und ausrotten wollte, gibt es heute viele gläubige Christen und Gemeinden, wie beispielsweise in China. Es ist eben SEINE Gemeinde, er baut sie und niemand kann sie zerstören.

Ich bin glücklich, dass ich dazu gehöre. Hier möchte ich Jesus dienen und erleben, was er in Zukunft noch alles tun wird. Wenn du an Jesus glaubst, ist es nicht gut, als Solo-Christ zu leben oder Zuschauer zu sein. Du brauchst eine Gemeinde und Christen, die mit dir auf dem Weg sind. Gemeinsam sind wir dann stark, denn wir haben einen großen Gott!

## 82 Erwählt

*Viele sind berufen, aber wenige sind erwählt. Matthäus 22,14*

Zwei Brüder, sie sind Zwillinge und wir nennen sie Klaus und Peter, wachsen in einem christlichen Elternhaus auf. Gespannt lauschen sie, wenn Oma abends aus der Bibel vorliest.
Später gehen sie in einen christlichen Jugendkreis. Als in ihrem Ort eine missionarische Veranstaltung durchgeführt wird, sitzen sie beide im Saal und hören zu. Am Ende der Veranstaltung folgt Klaus der Aufforderung, zum Kreuz nach vorne zu kommen und sich für ein Leben mit Jesus zu entscheiden. Peter kämpft mit sich, bleibt aber auf seinem Platz sitzen.
Später schließt Klaus sich einer christlichen Gemeinde an, in der er sich engagiert und immer wieder geistlich auftanken kann. Ohne Gottes Wort und Gebet möchte er nicht mehr leben. Peter hingegen sieht man ab und zu an Heilig Abend im Gottesdienst. Ansonsten ist ihm die Sache mit dem Glauben an Gott ziemlich egal. Und da nun mal das Leben gefährlich ist und immer tödlich endet, sterben auch Klaus und Peter irgendwann. Über das Sterbebett von Klaus schreiben wir folgendes: Dieser Mensch hat die Gute Nachricht von Jesus Christus gehört. Er hat sich bekehrt, ist zum Glauben gekommen und wurde gerettet. Gott hat ihn erwählt, sein Kind zu sein. Über Peter schreiben wir: Er hat die Gute Nachricht von Jesus Christus gehört. Er wollte sich nicht bekehren, ist nicht zum Glauben gekommen und geht verloren.
Diese Beurteilung teilen aber nicht alle. Im sogenannten Calvinismus oder sogar Hyper-Calvinismus lehrt man, dass der zum Glauben gekommene Mensch vor Erschaffung der Welt oder vor seiner Zeugung von Gott souverän dazu erwählt wurde. Nur deshalb konnte er zum Glauben an Jesus kommen und errettet werden. Noch schwerwiegender ist die Überzeugung und sie ist ja die logische Konsequenz daraus, dass schon bei der Erschaffung der Menschen die einen zur Verdammnis (Hölle) erschaffen wurden und die anderen zur Rettung (Himmel).
Und es wird behauptet, Jesus habe sein Blut nur für seine Erwählten vergossen. Für die anderen besteht letztendlich keine Chance.
Aber was markiert die Bibel? Gegen Ende seines Wirkens auf Erden weint Jesus über die Bewohner Jerusalems (Lukas 19,41). Sie haben ihn

abgelehnt. Jesu Trauer ist aufrichtig: er weint nicht über etwas, was unabänderlich vorherbestimmt wurde, sondern über die verweigerte Umkehr, über den Unglauben der Menschen und die daraus resultierenden Folgen. Jesus sagt nicht: Ihr habt ja nicht gekonnt oder ihr seid ja nicht erwählt, sondern: „Ihr habt nicht gewollt“ (Lukas 13,34). Was sollte diese Anklage, wenn Gott schon alles so im Voraus bestimmt hätte? Und Jesus hat sein Blut für alle Menschen vergossen. In 1. Johannes 2,2 steht: „Und er ist die Versöhnung für unsere Sünden, nicht allein aber für die unseren, sondern auch für die der ganzen Welt.“
Ein Bild kann uns dies verdeutlichen: Unterm Weihnachtsbaum liegt für jeden ein Paket und es steht sogar der jeweilige Name darauf. Aber das eigene Paket abholen und annehmen muss jeder selbst, - sonst geht man leer aus. Keiner kann sich nachher beschweren und sagen: „Für mich war kein Geschenk da“.
Erwählung ist durchaus ein wichtiges biblisches Thema. Nur mit unserem Verständnis kommen wir schnell an unsere Grenzen. Mir hilft, was manche „Glaubensväter“ wie folgt beschrieben haben: Wenn du vor dem Tor stehst, heißt es: „Bekehre dich, gehe durch die enge Pforte!“ Wenn du hineingegangen bist und zurückblickst, steht über dem Tor: „In Christus erwählt vor Erschaffung der Welt.“
Erwählung ist kein Selektionsbegriff, sondern ein Qualitätsbegriff. Und zum Glauben kommen wir nicht, weil wir erwählt sind, sondern wir sind erwählt, weil wir durchs Evangelium zum Glauben gekommen sind. Erwählt ist der Glaubende, derjenige, der auf Gottes Gnade vertraut. Darüber kann man sich nur freuen, dankbar sein und Gott allein die Ehre geben.
In 1.Timotheus 2,4 schreibt Paulus:
„Gott will, dass alle Menschen gerettet werden und zur Erkenntnis der Wahrheit kommen.“
Es ist also niemand ausgeschlossen. Gott will alle, und er ist traurig, wenn einer seinen „Wunsch-Willen“ nicht befolgt. Gott hat sich in seiner Souveränität festgelegt, in dem, was sein Sohn Jesus für uns getan hat. Was ich damit anfange, liegt in meiner Verantwortung.

## 83 Alltäglich

*Denn so wie sie waren in den Tagen vor der Sintflut – sie aßen, sie tranken, sie heirateten und ließen sich heiraten bis an den Tag, an dem Noah in die Arche hineinging; und sie beachteten es nicht, bis die Sintflut kam und raffte sie alle dahin -, so wird es auch sein beim Kommen des Menschensohnes.* *Matthäus 24,38+39*

Jeder läuft mit Atemschutzgerät durch die Gegend, Chaos, Mord, Terror... Sind das die speziellen Kennzeichen dieser Welt, bevor Jesus wiederkommt? Jesus selbst zählt andere, ganz normale alltägliche Lebensäußerungen auf. Essen, Trinken, Heiraten. Wo liegt hier das Problem? Da läuft doch alles gut.
Ich meine, es besteht darin, dass es darüber hinaus nichts mehr gibt. Die Menschen sind völlig diesseits orientiert und materialistisch eingestellt.
Das alte römische Motto „Gebt dem Volk Brot und Spiele", hat Fuß gefasst. Hauptsache, der Geldbeutel stimmt und man hat Spaß, kommt auf seine Kosten, koste es, was es wolle.
Die Sache mit Gott und dem Glauben erscheint langweilig und ziemlich unpassend. Die Leute lassen sich nicht mehr darauf ansprechen. Und das Thema Rettung und dass Jesus wiederkommt entlockt höchstens ein müdes Lächeln, wird in die Märchenecke geschoben, und nach kurzer Aufregung geht man zur Tagesordnung über. Noah hat viele Jahre an der Arche gebaut. Er hat die Menschen gewarnt: Es kommt die große Flut, Gott wird alles vernichten, lasst euch retten, kommt in die Arche!
Vielleicht waren die Menschen zuerst neugierig, dann wütend und schließlich gewöhnten sie sich daran und machten mit ihrem gottlosen Leben weiter wie bisher. Als aber der Regen kam und jeder merkte, Noah hatte recht, war es zu spät. Die Tür der Arche war schon verschlossen worden – von Gott selbst.
Ich möchte uns herausfordern, heute für Jesus bereit zu sein. Ich muss die Fahrkarte für den Himmel in der Hand haben, denn ich weiß nicht, wann der Zug in den Bahnhof eintrifft. Ich möchte heute alles ordnen, was der Begegnung mit Jesus im Weg steht.
Ich will mich darauf freuen, dass Jesus wiederkommt. Maranatha! Herr, komme bald!

## 84 Quelle

*Am nächsten Morgen stand Jesus vor Tagesanbruch auf und zog sich an eine einsam gelegene Stelle zurück, um dort allein zu beten. Markus 1,35*

Ob es Jesus wohl leichtfiel, so früh am Morgen aufzustehen, hinauszugehen, um an einem abgelegenen Ort zu beten? Am Tag zuvor hatte er hart gearbeitet: in der Synagoge gelehrt, Petrus´ Schwiegermutter vom Fieber befreit und viele Kranke und Besessene geheilt. Und das bis spät in den Abend hinein. Jesus war die Zweisamkeit mit seinem himmlischen Vater wichtig. Diese Zeit stand in seiner Prioritätenliste an erster Stelle. So lesen wir in den Evangelien immer wieder, wie er sich zurückzog, um Zeit mit seinem Vater zu verbringen. Manchmal sogar die ganze Nacht über, irgendwo auf einem abgelegenen Berg. Liegt hier das Geheimnis seines vorbildlichen Lebens, seiner Liebe und Kraft? Konnte er deshalb den Weg ins Leid gehen und für uns am Kreuz sterben? Wenn ich diese Bibelstelle lese, überkommt mich ein zweifaches Gefühl. Einerseits eine tiefe Sehnsucht. So sollte es sein. Das wünsche ich mir. Ich will mich immer wieder aufmachen und die Zweisamkeit mit meinem Retter, meinem besten Freund, meinem himmlischen Vater suchen. Andererseits macht mich dieser Vers auch ein wenig traurig. Ich bekomme das oft nicht hin, mir fehlt die Disziplin. Oder fehlt mir gar die nötige Liebe, die Freude? Bin ich vielleicht gar nicht so gern mit Gott allein? Ich weiß, dass Menschen unterschiedlich ticken. Wenn wir unsere Zeit mit Gott nicht am Morgen hinkriegen, dann am Mittag und wenn nicht mittags, dann eben am Abend. Doch die Alternative zu früh morgens, ist häufig nicht mittags oder abends, sondern gar nicht. Manche sagen, ich bin allezeit mit Jesus verbunden. Besondere Zeiten sind da nicht nötig. Ich sage, auch Jesus war allezeit mit seinem Vater verbunden und verbrachte trotzdem besondere Zeiten mit ihm. Auch Petrus war allezeit mit Jesus verbunden, trotzdem ging er um 12:00 Uhr hinaus, um zu beten (Apostelgeschichte 10,9). Auch Daniel war allezeit mit Gott verbunden, doch dreimal am Tag nahm er sich Zeit und kniete nieder, um zu beten und seinen Gott zu loben und ihm zu danken (Daniel 6,11). Audienz beim König. Gott wartet auf uns. In der Stille und Zweisamkeit will er uns prägen, unseren Charakter verändern und von du zu du mit uns reden. Er will uns zeigen, wie freundlich er ist. Der Umgang mit Gott färbt auf uns ab. Unsere Augen werden wieder strahlen und unser Herz wird sich mit Frieden füllen. Ganz nahe bei ihm können wir unser Herz ausschütten, schweigen und neu lernen, auf seine Stimme zu hören. Und wie in den meisten Dingen fängt man auch hier klein an. Wir brauchen Übung, Disziplin, Ausdauer und herzliches Begehren nach seiner Gegenwart. Die hat Gott uns versprochen. In der Bergpredigt lesen wir, wie Jesus sagt: „Wenn du aber betest, so geh in deine Kammer, und wenn du deine Tür geschlossen hast, bete zu deinem Vater, der im Verborgenen ist! Und dein Vater, der im Verborgenen sieht, wird dich dafür belohnen". (Matthäus 6,6) Da kommen wir und Gott, Himmel und Erde, zusammen. Wie kostbar ist diese Zeit!

In New York ging ein Mann mit seinem Freund durch die Straßen spazieren. Der Freund kam aus den Bergen, einer ländlichen Gegend. Plötzlich hörte dieser Grillen zirpen. „Hast du die gehört?", fragte er den Mann aus der Stadt." „Nein", antwortete dieser. „Da war nichts". Nun zog der Freund eine Geldmünze aus der Tasche und ließ sie auf den Bürgersteig fallen. „Hast du gehört? Irgendwo ist Geld auf den Boden

gefallen", sagte nun der Mann aus der Stadt zu seinem Freund. Dieser hielt ihm darauf eine kleine Predigt:
„Das Geldstück hörtest du klirren, aber das Zirpen der Grillen, welches viel lauter war, nicht."
Wie wahr! Wir hören, was uns wichtig ist und woran sich unsere Ohren gewöhnt haben. Wenn wir Gottes Stimme neu hören möchten, kommen wir nicht daran vorbei, regelmäßig Zeit mit unserem himmlischen Vater zu verbringen. Im vertrauten Umgang mit ihm werden unser Sinne für ihn geschärft und unsere „Empfangsantennen" neu ausgerichtet. Dabei geht es nicht um eine Gesetzlichkeit nach dem Motto: Du musst regelmäßig Stille Zeit halten. Wenn nicht, bist du nicht gesegnet oder es passiert dir was Schlimmes. Nein! Wir dürfen, und Gott wartet auf uns, täglich! Was für ein Privileg!

## 85 Ernst

*Jesus sagte: Wer aber gegen den Heiligen Geist lästert, dem wird niemals vergeben werden. Diese Sünde währt ewig.* *Markus 3,29*

Habe ich die Sünde gegen den Heiligen Geist begangen? So fragen nicht nur stark depressive Menschen. Hier kann Entwarnung gegeben werden! Wer sich darum sorgt, den Geist Gottes gelästert zu haben, hat es sicher nicht getan. Wer diese Sünde begangen hat, ist stolz darauf und würde sie überzeugt wiederholen.
Damals, die Schriftgelehrten aus Jerusalem, sie hatten viel von Jesus gehört und gesehen, dass er nur Gutes tut. Da sie aber nicht an ihn glauben wollten, ihm allerdings auch nichts Böses nachweisen konnten, fanden sie nur einen Ausweg. Sie behaupteten: Jesus tut das alles durch die Kraft der Dämonen, er steckt mit dem Teufel unter einer Decke.
Gottes Geist lästern heißt: der zur Umkehr führenden Kraft des Geistes trotz voller Erkenntnis, beständig zu widerstehen. Wer darin beharrt, kann und will keine Vergebung empfangen!
Es ist nicht Gottes Geschäft, immer lieb und gütig zu sein. Gott ist heilig und seine Gnade hat Zeit und Grenzen. Wer damit spielt, setzt sein Leben aufs Spiel.
Es gibt besondere Zeiten im Leben eines Menschen, in denen Gott deutlich spricht und zum Glauben ruft. Wer diese Gelegenheiten immer nur wegschiebt und ignoriert, geht am Ende bei Gott leer aus. Es gibt ein zu spät! Da will man nicht mehr, da kann man nicht mehr.
Für Judas war Umkehr nicht mehr möglich. Er hatte Jesus hautnah erlebt, alles gesehen und gehört und trotzdem die Chance der Gnade Gottes für sich nicht ergriffen. Als er die Tür zu Gott zuschlug, öffnete

sich eine andere Tür, die zum Teufel. Dieser zögerte keinen Augenblick und ergriff Besitz von Judas Herz.
Die Bibel sagt, dass manche den Geist Gottes lästern, schmähen oder ihm widerstehen. Und Johannes schreibt in seinem Brief, dass es eine Sünde zum Tode gibt, für deren Vergebung gar nicht erst gebeten werden soll. Im Alten Testament ist das die erhobene geballte Faust, mit der sich einer bewusst von Gott absagt oder sich ihm verweigert.
Das alles kann uns Angst machen. Aber ich will es als eine Ermutigung sehen, dicht bei Jesus zu bleiben, auf ihn zu hören und ihm zu folgen. Gott ist heilig und gerade deshalb wollen wir andere einladen, sich auf Jesus einzulassen und seine Vergebung anzunehmen, - bevor es zu spät ist.

## 86 Angeln

*Jesus sagte zu Simon: »Hab keine Angst! Von jetzt an wirst du Menschen fischen!« Lukas 5,10b*

Wir Christen sind doch ein seltsames Volk. Wir lassen uns eine Menge einfallen, um nicht zu tun, was Jesus sagt. Wir reden übers Angeln. Wir belegen Kurse und Schulungen übers Angeln. An Hochschulen kann man studieren, wie man angelt. Auf Kongressen ermutigen uns Spezialisten zum Angeln. Es gibt Ausarbeitungen übers Angeln und Ausarbeitungen über Ausarbeitungen bzgl. Angeln. Wir schreiben und lesen Bücher über die unterschiedlichen Fische und ihr Verhalten. Wir halten und hören Predigten über die passenden Angelhaken und Angelrutenlängen. Wir diskutieren und streiten übers Angeln. Wir sagen ganz klug: „Der Köder muss nicht dem Angler schmecken, sondern den Fischen“. Manche machen ihren Doktor übers Angeln, andere träumen vom richtigen Angeln. Wir finden Angeln total wichtig und werben fürs Angeln. Nur eines tun wir nicht: Angeln! Aber genau das möchte Jesus. Als „Menschenfischer“ sendet er uns in diese Welt. Wir sollen und dürfen anderen die gute Nachricht bringen und zu einem Leben mit Jesus einladen. Gott will, dass alle Menschen gerettet werden und die Wahrheit erkennen. Warum angeln wir dann nicht? Weil uns die Kraft des Heiligen Geistes fehlt. Ohne können wir nicht seine Zeugen sein. Die Gegenwart seines Geistes nimmt uns die Menschenfurcht und hilft uns, von Jesus zu reden! Und weil viele Gemeinden statt einem Rettungsboot einem Luxusliner gleichen. Da dreht sich alles ums Christsein und wie ich mein Leben, meine Beziehungen und meinen Charakter optimiere. Bequem liege ich in einem wohlbezahlten Liegestuhl auf dem Sonnendeck und warte auf die Bedienung. Die Ertrinkenden im Meer sehe ich nicht. Ihre Schreie höre ich nicht. Sie sind mir egal geworden. Abends aber besuche ich einen Vortrag über das Elend in der Welt und höre, wie tapfere Leute ihr Leben dafür einsetzen. Erschüttert gehe ich schlafen und denke: „Eigentlich sollte ich auch…". Ja, warum eigentlich nicht? Am besten einfach anfangen. Gott um die Erfüllung mit seinem Geist bitten. Und dann, ohne auf irgendwelche Schulungen zu warten, ganz natürlich und in meiner Art und Weise, von Jesus reden und von dem, was er in meinem Leben getan hat und (hoffentlich) immer noch tut. Auch hier gilt: „Wes das Herz voll ist, geht der Mund über."

## 87 Geld

*»Ich sage euch«, forderte Jesus seine Jünger auf, »nutzt das leidige Geld dazu, durch Wohltaten Freunde zu gewinnen. Wenn es mit euch und eurem Geld zu Ende geht, werden sie euch in der neuen Welt Gottes in ihre Wohnungen aufnehmen.« Lukas 16,9*

In den Himmel kommen wir durch den Glauben an Jesus. Wir können ihn uns nicht verdienen. Alles ist Gnade, Gottes Geschenk. Und doch stellt Jesus einen Zusammenhang her zwischen unserem Umgang mit dem Geld und unserer ewigen Zukunft bei ihm. Wir sollen uns durch unseren Besitz Freunde machen und diese werden uns dann wohlwollend, vielleicht sogar jubelnd im Himmel empfangen. Wenn wir normalerweise Vorsorge treffen, denken wir an zusätzliche Rentenabsicherung oder andere Geldanlagen. Dazu müssen wir sparen, sammeln, anlegen oder zurücklegen. Bei der viel wichtigeren Vorsorge für die Ewigkeit geht es genau andersrum. Nicht ansammeln, horten, sondern weggeben, abgeben. So „sichern" wir uns eine qualitativ hohe Zukunft bei Gott. Mein wahrer Reichtum besteht nicht in dem was ich behalte, sondern in dem, was ich weggebe. Die „Himmlische Bank" ist die sicherste. Jesus sagt in der Bergpredigt: „Ihr sollt euch nicht Schätze sammeln auf Erden, wo Motten und Rost sie fressen und wo Diebe einbrechen und stehlen. Sammelt euch aber Schätze im Himmel, wo weder Motten noch Rost sie fressen und wo Diebe nicht einbrechen und stehlen." Der sogenannte reiche Kornbauer, von dem Jesus an anderer Stelle erzählt, baute eine Scheune nach der anderen, um seinen Ertrag unterzubringen. „Du Narr, diese Nacht wird man deine Seele von dir fordern und wem wird dann gehören, was du angehäuft hast?" fragte ihn Gott am Ende der Geschichte. Er hatte nur an sich gedacht, angehäuft und die Augen und den Geldbeutel für die Not anderer verschlossen. Ambrosius, ein bekannter Glaubensmann aus der Kirchengeschichte, sagte zu dieser Geschichte: „Die unvergänglichen Scheunen sind die Häuser der Witwen, die Mäuler der Waisen und die Herzen der Kinder". Abgeben, loslassen und teilen fällt uns oft schwer. Unser Herz hängt sich schnell ans Geld. Wir geben vielleicht etwas von unserm Luxus und Überfluss ab, aber wirklich opfern? Ein Blick auf Jesus kann uns helfen, eine Begegnung mit ihm uns neu inspirieren. Er hat alles gegeben, die Herrlichkeit des Vaters verlassen und sein Leben geopfert. Gott wurde arm für uns, damit wir durch seine Armut reich würden, das ewige Leben bekommen. Indem Jesus alles gab, hat er unendlich viel bekommen, unzählbar viele Freunde. Und ich darf auch dazugehören und mich von seiner Liebe entzünden lassen. Und es gilt zu bedenken, dass aller Besitz, alles Geld nur geliehen ist, von Gott anvertraut. Er ist der wahre Besitzer, wir die Verwalter. Es hat doch keiner von uns was mit in die Welt gebracht und es wird am Ende keiner was mitnehmen. Gott sagt: „Mir gehört das Silber und mir gehört das Gold“ (Haggai 2,8). Ich sage: „MEIN Haus, MEIN Auto, MEIN Bankkonto, MEIN Schmuck“. Aber Gott sagt: „Nein! Es gehört MIR. Ich habe es dir anvertraut. Du darfst es für mich verwalten und klug einsetzten“. Wenn ich mich selber als Besitzer sehe, werde ich fragen: „Wieviel Geld muss ich denn spenden?“ Wenn ich aber Gott als Besitzer akzeptiere und mich als Verwalter sehe, werde ich fragen: „Wieviel Geld darf ich für mich behalten?“ Wer klug ist, sorgt vor. Nicht nur für den Ruhestand, sondern vor allem für die Ewigkeit. Und dabei spielt mein Umgang mit dem Geld und Besitz eine entschiedenere Rolle, als der mit dem Gesangbuch oder anderen frommen Dingen! „Einen fröhlichen Geber hat Gott lieb und Geben macht glücklicher als Nehmen.“ So steht es in der Bibel.

## 88 ER

*Denn der Menschensohn ist gekommen, zu suchen und selig zu machen, was verloren ist. Lukas 19,10*

„Veni, vidi, vivi“ – „Ich kam, ich sah, ich siegte“. So soll es Julius Caesar gesagt haben, nach seinem Sieg bei Zela 47 v.Chr. und Plutarch hat diese Mitteilung überliefert.
Und Norbert Kaiser bringt in seinem Lied folgendes zum Ausdruck: „Er kam und sah und siegte, weil er sich nur liebte. Er kam und sah und siegte, weil er selbst nur genügte. Er liebt das Geld und den Gewinn. Und er wollte ein Denkmal aus Stein und als Sieger einen Heiligenschein.“
Wie anders ist der, über den man wirklich sagen kann: „Er kam, sah und siegte“ – Jesus! *Jesus kam!* In diese Welt. Gott wurde Mensch und wohnte bei uns. Deshalb feiern wir Weihnachten. Gott lässt sich in Jesus auf diese Welt, auf uns Menschen ein. Er ist nicht der ferne Gott, irgendwo im Kosmos. Er ist zum Greifen,

zum Lieben, ja zum Vertrauen nahegekommen. Er kam und wurde ganz klein, erniedrigte sich selbst und nahm die Gestalt eines Knechtes an. Er kam auch für dich und kommt zu dir in seinem Wort.
*Er sah!* So ging er durchs Land. Mit suchenden Augen, die immer wieder fanden. Mit einem Herzen voller Liebe. So fand er damals den Zolleintreiber Zachäus im Baum, den gelähmten Mann am Teich, die lebenshungrige Frau am Brunnen... Er sah tief, tiefer; nicht um zu verachten, sondern mit herzlichem Mitleiden. So sieht Jesus auch dich! Egal, wer du bist, wo du bist. Ob du davonläufst oder ihn suchst oder ihm schon lange gehörst. Er sieht dich, kennt dich, liebt dich und will dich.
*Er siegte!* Sein Sieg ist Rettung, nicht Vernichtung. Es ist der Sieg der Liebe, der Vergebung und Versöhnung. Ein Sieg, bei dem wir nur verlieren können... unseren Hass, unseren Neid, unsere Traurigkeit und unsere Schuld. Und auf der anderen Seite bekommen wir ewiges Leben und Frieden mit Gott geschenkt. Dieser Sieg hat Gott alles gekostet. Seinen geliebten Sohn. Jesus hat am Kreuz gekämpft, wegen der Schuld und Gottlosigkeit einer ganzen Welt. Er gab sein Leben, damit wir auf die Sonnenseite des Lebens kommen können – Gottes Kinder werden und bleiben.

## 89 Wiedergeburt

*Jesus antwortete: Wahrlich, wahrlich, ich sage dir: Wenn jemand nicht aus Wasser und Geist geboren wird, kann er nicht in das Reich Gottes hineingehen. Johannes 3,5*

Was Jesus uns zu sagen hat, ist ihm sehr wichtig! Wahrlich, wahrlich oder anders übersetzt Amen, Amen, ist eine starke Bekräftigung. Im Gespräch mit dem Schriftgelehrten Nikodemus geht es hier um die Frage, wie man in den Himmel kommt, d.h. wie man zu Gott und seiner neuen Welt gehören kann.
Nikodemus wusste es nicht. Was lernen wir daraus? Antwort: Man kann klug sein, viel studiert haben, sogar Theologie und das Wichtigste überhaupt nicht wissen. Da beherrscht einer die höhere Mathematik, kennt sich mit fremden Kulturen aus, und kann sogar über spitzfindige theologische Fragen diskutieren, - aber wie man in den Himmel Gottes kommt, -keine Ahnung! Jesus hilft uns auf die Sprünge. So, wie wir natürlicherweise sind, gezeugt von unserem Vater und geboren von unserer Mutter, reicht es nicht aus, zu Gott zu gehören. Paulus schreibt im ersten Brief an die Korinther 15,50, dass Fleisch und Blut das Reich Gottes nicht ererben können und dass das Verwesliche nicht die Unverweslichkeit erbt. Wir müssen, wie Jesus deutlich macht, von neuem, also noch einmal geboren werden.

Das heißt natürlich nicht, noch mal in den Mutterleib zu kriechen, wie Nikodemus schmunzelnd feststellt. Gemeint ist eine Neugeburt, auch Wiedergeburt genannt, aus Wasser und Geist! Mit Wasser meint Jesus Reinigung. Paulus spricht in Epheser 5,26 vom Wasserbad im Wort. Es geht um die von Gott zugesprochene und von uns geglaubte Vergebung: „Dir sind deine Sünden vergeben!“ Dieser Zuspruch ist wirksam, weil Jesus am Kreuz die Schuld und Sünde der ganzen Welt getragen und dafür mit seinem Leben bezahlt hat. Daher konnte Jesus schon im Voraus zu seinen Leuten sagen: „Ihr seid schon rein um des Wortes Willen.“ Joh.15,3.
Mit Geist ist der Geist Gottes oder auch der Heilige Geist genannt, gemeint. Wenn unsere Herzen gereinigt sind, schenkt Gott seinen Geist in unser Leben (Apg.15,8.9). Das bedeutet: Neues Leben haben! Da Geist in der Bibel auch Wind heißen kann, ist uns gesagt, dass nun ein neuer frischer Wind in meinem Leben weht. Wer aus Wasser und Geist geboren wurde, hat ein neues Leben und gehört für immer zu Gott. So, und nur so, kommt man in den Himmel. Zwischen Gott und Mensch besteht kein quantitativer, sondern ein qualitativer Unterschied. Aus einer Bronzemedaille wird keine Goldmedaille, indem wir noch hundert Bronzene dazulegen. Wir können unsere menschlichen oder religiösen Qualitäten noch so sehr steigern, - Gott kommen wir dadurch nicht näher.
Wir benötigen neues, göttliches Leben, damit wir in den Himmel passen. Und genau das wird Jesus allen schenken, die zu ihm kommen und ihn darum bitten.

## 90 Stimme

*Meine Schafe hören meine Stimme und ich kenne sie, und sie folgen mir. Johannes 10,27*

Wir nennen ihn Napoleon. Er ist klein und spaziert stolz herum. Unser Vogel, die Amsel im Garten.
Ein richtiger Spaßvogel, aber nach Wochen sind wir ihm auf die Schliche gekommen.
Worum geht's? Es klingelt ständig an unserer Haustür. Aber oft ist niemand vor der Tür. Klingelstreiche? Oder Einbildung im Ohr? Mit der Zeit merkten wir, dass die Klingeltöne geringfügig unterschiedlich sind. Die einen, das waren die meisten, klangen etwas dumpfer. Immer wenn wir ihnen folgten, stand niemand vor der Haustür. Jetzt wussten wir, welche Klingeltöne wir nicht ernst nehmen sollten. Aber es war allen ein großes Rätsel und wir machten uns schier verrückt. Bis wir die Lösung herausfanden.

„Napoleon ist an allem schuld.“ Die Amsel hatte über die Zeit gelernt, den Klingelton nach zu machen.
Fast perfekt, aber eben nur fast, weil etwas dumpfer. Sie hatte uns ganz schön zum Narren gehalten und versucht es immer noch. Wir fallen aber nicht mehr drauf rein, wir kennen den Unterschied. In diesem Zusammenhang muss ich an Jesus und seine „Schafe“ denken.
„Ich kenne die Meinen und die Meinen kennen mich. Meine Schafe hören meine Stimme und ich kenne sie, und sie folgen mir.“ Jesus kennt meine Stimme, kenne ich auch seine? Vieles und Viele wirken auf uns ein. Versprechungen, Drohungen…
Aber ist es die Stimme des guten Hirten? Der Geist von Jesus, oder ein verführerischer Geist? Höre ich aus allen die Stimme von Jesus heraus?
Schafe kennen die Stimme ihres Hirten, weil sie viel zusammen sind, eben Zeit miteinander verbringen und weil der Hirte sie beschützt, versorgt und immer wieder nach Hause bringt. Wir kennen unsere Haustürklingel, aber viel wichtiger ist es, die Stimme Gottes zu kennen und ihr zu folgen.

## 91 Aktuell

*Am Abend aber dieses ersten Tages der Woche, als die Jünger versammelt und die Türen verschlossen waren aus Furcht vor den Juden, kam Jesus und trat mitten unter sie und spricht zu ihnen: Friede sei mit euch! Johannes 20,19*

Leutnant Onado Hiro ist ein früherer japanischer Nachrichtenoffizier, der auf der philippinischen Insel Lubang entdeckt wurde. Dort war er stationiert, als im Februar 1945 amerikanische Truppen die Insel überrannten und kurz darauf das Kriegsende verkündeten. Der größte Teil der japanischen Streitkräfte wurde getötet, bzw. gefangen genommen. Onado konnte jedoch in den Dschungel flüchten und sich dort verstecken. Er weigerte sich, zu kapitulieren, denn jeden Versuch, ihn vom Ende des Krieges zu überzeugen, hielt er für eine List. Erst 1974 konnte die japanische Regierung ihn davon überzeugen, endlich nach Hause zu kommen. 29 Jahre nach Kriegsende!
Jesus ist auferstanden von den Toten. Sein Grab ist leer, der Tod besiegt! Aber zu seinen Nachfolgern ist das nicht durchgedrungen. Verschlossen hinter Türen, voller Angst, warten sie der Dinge, die kommen. Sie leben so, als wäre Jesus noch im Grab und der Tod unbesiegbar.
Wenn einer bei uns am Fluss mit Waschbrett seine Wäsche wäscht, denken wir unsern Teil. Es gibt doch längst Waschmaschinen. Wenn ein anderer seine Ausarbeitung auf der Schreibmaschine anfertigt, statt am

PC, ist das nicht mehr zeitgemäß. Wir halten ihn für rückständig und überholt. Leben wir nicht alle oft der Wirklichkeit hinterher? Jesus lebt, der Tod hat nicht mehr das letzte Wort, Hoffnung ist angesagt, aber wir sind verschlossen hinter Türen der Angst, Sorgen und Resignation. Doch der Auferstandene durchschreitet alle Türen und plötzlich tritt er mitten unter seine Leute. Jesus kann durch Türen gehen, Mauern durchbrechen, unsere Herzen mit Freude, Hoffnung und Frieden füllen. Was er mitbringt sind keine roten Rosen sondern durchbohrte Hände, die er seinen Jüngern vorzeigt. Zeichen seiner Liebe!
In der Süddeutschen Zeitung, die nicht gerade einen christlichen Ruf hat, war in der Woche vor Ostern folgendes zu lesen: „Wenn der Satz ‚Jesus lebt' geglaubt würde, müssten den Christen eigentlich Flügel wachsen, die Gemeinden müssten vor Kraft strotzen, ihre begeisterten Mitglieder müssten an Ostern durch die Straßen rennen und jedem ins Ohr brüllen: ‚Gott lebt! Wirklich, er lebt!' Stattdessen stehen sie mit allen anderen im Stau auf der Autobahn."
Paulus wusste darum, dass die Christen das Wichtigste aus den Augen verlieren könnten. Darum betete er: „Gott gebe euch erleuchtete Augen des Herzens, damit ihr erkennt, zu welcher Hoffnung ihr berufen seid, wie reich die Herrlichkeit seines Erbes für die Heiligen ist." Epheser 1,18.
Fortschrittliche Christen leben aus der Kraft der Auferstehung und sind deshalb Hoffnungsträger.

## 92 Begeistert

*Da sprach Jesus abermals zu ihnen: Friede sei mit euch! Wie mich der Vater gesandt hat, so sende ich euch. Und als er das gesagt hatte, blies er sie an und spricht zu ihnen: Nehmt hin den Heiligen Geist!*
*Johannes 20,21.22*

Wir stellen uns eine Querflöte vor. Ein wirklich wertvolles, edles Instrument. Aus teurem Material kunstvoll gebaut, ist sie schon für sich wundervoll und schön. Doch der Sinn dieser Flöte ist nicht, schön herum-zuliegen, sondern gespielt und zum Klingen gebracht zu werden. So wird sie erst richtig sinnvoll, lebendig und wertvoll. Der Atem des Künstlers und eine geübte Hand entlocken ihr wohlklingende Töne und machen damit das Material kostbar. Alles zusammen erzeugt eine gute Musik und schöne Klänge.
Auch wir Menschen sind wertvolles, kostbares „Material". Mit viel Liebe hat Gott, der Schöpfer jeden Menschen geformt und schön gemacht. Aber wann wird unser Leben lebendig und sinnvoll? Erst dann, wenn Gott es in seine Hände nimmt und seinen Lebensatem in uns hineingibt. Dann können wir so leben und handeln, dass Gott sich über uns freut

und alles zu seiner Ehre klingt. Wir sind keine Ziergegenstände, sondern lebendige Menschen, die Gott in seine kreative Hand nehmen möchte und zum Klingen bringen will, wie der Künstler die Querflöte. Jesus gab hier seinen Leuten den Heiligen Geist, welcher dann am Pfingstfest in seiner vollen Kraft zur Entfaltung kommt. Durch Gottes Geist werden wir befähigt und beauftragt hinzugehen, und den Menschen die frohe Botschaft von Jesus zu verkünden. Die gute Nachricht von der Erlösung durch seinen Tod am Kreuz. Und genau dann klingt unser Leben am Schönsten. Wer für sich lebt, spielt eine brummige Melodie. Wer hingegen im Auftrag und Segen Gottes lebtm, verbreitet frohmachende Klänge. Manche Instrumente müssen neu entdeckt und dann entstaubt werden.
Gott bittet jeden in sein Orchester. Durch uns möchte er in der Welt die schönste Melodie zum Klingen bringen: „Lasst euch versöhnen mit Gott!"

## 93 Liebe

*Simon, Sohn des Johannes, hast du mich lieb? Johannes 21,16a*

Willst du für mich arbeiten? Willst du treu die Bibel lesen und beten? Willst du deine Fehler wiedergutmachen? All dies fragt Jesus nicht, obwohl es wichtige Themen sind. Jesus fragt: „Hast du mich lieb?" Mit seiner Frage trifft er den Kern, besser gesagt, das Herz. Er möchte nicht mehr und nicht weniger haben, als unsere Liebe. Dreimal fragt er Petrus. Und dreimal bejaht Petrus. Nicht stolz, überheblich, sondern demütig, bescheiden und doch mit festem Willen. Nachdem Petrus Jesus dreimal verleugnet hatte und danach bitterlich weinte, streckt Jesus, der ihn nie abgeschrieben hatte und ihm nach der Auferstehung extra als ersten von den Jüngern begegnete, ihm jetzt die Hand entgegen. Jesus möchte ihn nahe bei sich haben, seine Liebe ist ihm wichtig und kostbar. Und genauso sehnt sich Jesus auch nach deiner und meiner Liebe. „Hast du mich lieb?" So fragt er. Einmal und immer wieder neu. Unser Glaube kann sich plötzlich oder auch schleichend verlagern. Da geht es dann um eine Sache, um eine Theologie, um Mitarbeit oder was sonst noch alles, bloß nicht mehr um Jesus und meine Beziehung zu ihm. Doch die ist und bleibt entscheidend. Deshalb die Frage: „Hast du mich lieb?" Jesus fragt Petrus bevor er ihn als „Hirten über seine Schafe" einsetzt. Klug gemacht! Denn wer in der Gemeinde mitarbeitet oder eine leitende Aufgabe wahrnimmt, steht in der Gefahr Menschen zu benutzen. Zu benutzen, um sich zu profilieren, groß rauszukommen oder um nach Anerkennung zu buhlen. Nur wenn der Dienst aus Liebe zu Jesus geschieht, ist er heilsam und ein Segen für alle. Erst kommt Jesus, dann die Anderen. Und das möchte Jesus geklärt haben! Die Antwort auf Jesu

Frage fällt mir manchmal nicht leicht. Liebe ich Jesus wirklich, liebe ich ehrlich und tief genug? Ich möchte ihn lieben. Doch mein Gefühl hält öfters dagegen, besonders dann, wenn ich versagt habe. Ein Seelsorger gab mal den Rat: „Wenn du dir nicht sicher bist, frag einfach zurück: Hast du mich denn lieb?" Dann kommt uns ein himmlischer Reigen entgegen: „Ich habe dich je und je geliebt…; aus lauter Liebe habe ich dich zu mir gezogen...; so sehr hat Gott die Welt geliebt…; nicht darin besteht die Liebe, dass wir Gott zuerst geliebt haben, sondern dass er uns zuerst geliebt hat und seinen Sohn gesandt hat als Sühnopfer für unsere Sünden."
Auf diese Liebe, seine Liebe, kann sich meine Liebe gründen und wachsen. „Ja, Herr, ich habe dich von ganzem Herzen lieb."

## 94 Power

*Aber ihr werdet Kraft empfangen, wenn der Heilige Geist auf euch gekommen ist; und ihr werdet meine Zeugen sein… Apostelgeschichte 1,8a*

Wir können übers Wetter reden, über Fußball, vielleicht auch noch über Politik oder sogar über Gott. Aber über Jesus Christus und was er für uns getan hat, fällt es uns oft unendlich schwer mit anderen ins Gespräch zu kommen. Wir kriegen die Kurve nicht hin oder den Mund nicht auf. Irgendwie ist es peinlich oder zu persönlich. Es scheint uns eine unsichtbare Macht daran zu hindern.
Wir merken, dass Bibelkenntnis und gute Absichten hierfür alleine nicht ausreichend sind. Wir benötigen eine höhere Kraft, die uns befähigt und Mut gibt, von Jesus zu reden. Das wusste Jesus und hat seinen Leuten den Heiligen Geist, genauer gesagt, die Kraft des Heiligen Geistes verheißen und geschenkt. Von dem hier im griechischen Grundtext verwendeten Wort für Kraft ist unser Wort Dynamit abgeleitet.
Es ist also eine gewaltige Kraft nötig, um Jesus in der Welt bezeugen zu können. Petrus ist ein eindrückliches Beispiel für die Veränderung durch die Kraft des Heiligen Geistes. Als ihn, im Zusammenhang mit der Gefangennahme von Jesus, eine Frau fragte, ob er nicht auch zu diesem Jesus gehöre, verleugnete er: „Frau, ich kenne ihn nicht." Angst und Feigheit hatten Petrus fest im Griff.
Nach Pfingsten und der Ausgießung des Heiligen Geistes sehen wir, wie Petrus öffentlich und mit aller Freiheit vor mehreren tausend Menschen von Jesus erzählt. Später sperrt man ihn sogar kurzfristig ins Gefängnis, um ihn daran zu hindern, von Jesus zu reden. Alle Drohungen können

ihn nicht bremsen. Er sagt: „Wir können's ja nicht lassen, von dem zu reden was wir gesehen und gehört haben."
Die Kraft des Geistes macht den Unterschied! Ohne den Heiligen Geist können wir vielleicht ein paar christliche Traditionen erhalten, aber keinen dynamischen und ansteckenden Glauben leben. Ein Zeuge von Jesus zu sein bedeutet, Gott hat seine Leute nicht dazu bestimmt, ein bequemes, gesichertes Leben zu haben und möglichst alt zu werden, sondern im Wind und Abenteuer des Missionsbefehls unterwegs zu sein. Dafür hat Gott seinen Geist gegeben.
Wenn ich ein Zeuge von Jesus Christus bin, lerne ich auf die Kraft des Heiligen Geistes zu vertrauen und mich immer wieder neu nach ihr auszustrecken.

## 95 Beziehungen

*Alle aber, die gläubig geworden waren, waren beieinander und hatten alle Dinge gemeinsam. Apostelgeschichte 2,44*

Beziehungen sind schön, sie bereichern unser Leben. Sie sind wertvoll. Da sind Menschen, mit denen man es zu tun hat, die einem wichtig sind. Menschen, zu denen sich eine Vertrautheit entwickelt, mit denen man durch „dick und dünn" gehen kann und alles teilt. Beziehungen sind anstrengend, sie kosten viel Kraft. Da muss geredet werden, es wird gestritten, man muss um Vergebung bitten. Es gibt Missverständnisse und flaue Zeiten, Empfindlichkeit und Verbohrtheit. Und oft stellt sich heraus, dass Menschen kompliziert sind und das passende Handbuch für den Umgang mit ihnen fehlt. Bleibt man da nicht doch lieber für sich allein? Aber dann ist man alleine! Und wenn man älter wird noch „alleiner"! Wer nur in Arbeit, Hobby und Rente investiert, greift irgendwann ins Leere. Die teuerste Investition ist die in Menschen; gute Beziehungen sind unbezahlbar. Oft halten uns Enttäuschungen davon ab. Rückblickend wird resümiert: „Ich habe gelernt, dass man keinem Menschen vertrauen kann." Eine steile Aussage. Jeder wird abgestempelt mit: „nicht vertrauenswürdig". Eigentlich eine Beleidigung. Und ob derjenige sich selbst auch dazuzählt? Sind wir wirklich alle so schlecht und riskant? Enttäuschungen sind schmerzhaft, aber auch heilsam. Sie befreien uns von einer Täuschung. Sie öffnen uns eine Tür für Beziehungen, die der Wirklichkeit entsprechen und nicht durch Traumbilder verzerrt sind.
Der Schlüssel zu guten Beziehungen ist für seine Leute kein anderer als Jesus. Er verbindet Menschen, die sich bei ihm unterm Kreuz finden: „Als Jesus nun seine Mutter sah und neben ihr den Jünger, den er sehr lieb hatte, sagte er zu ihr: Das ist jetzt dein Sohn! Und zu dem Jünger

sagte er: Sie ist jetzt deine Mutter. Von da an nahm der Jünger sie zu sich in sein Haus. “ (Joh 19,26f). Menschen unterm Kreuz leben von der Gnade und Vergebung. Sie lernen, sich selbst richtig einzuschätzen und sehen den anderen mit den Augen Gottes. Sie müssen weder sich noch andere überfordern, weil sie in Christus beschenkt sind. Unterm Kreuz entstehen und wachsen gute Beziehungen. Beziehungen, die auch im oft grauen Alltag noch halten. Viel Mut!

## 96 Überwinden

*Lass dich nicht vom Bösen überwinden, sondern überwinde das Böse mit Gutem. Römer 12,28*

Einer wird gewinnen. Entweder besiegt mich das Böse oder ich besiege es. Was ist mit „Böses“ gemeint? Der Böse, also der Teufel selbst? Oder das Böse in mir, meine Begierden und Neigung zum Sündigen? In den vorhergehenden Bibelversen geht es um Anfeindungen durch andere Menschen. Wie begegne ich der Feindschaft anderer? Ich kann mich ergeben und habe gleich verloren. Ich kann auch mit gleichen Waffen zurückschlagen, indem ich Lügen verbreite, meinen Gegner anschreie oder sogar schlage. Doch dann bin ich nicht besser, das Böse hat mich erobert und mit sich gleichgemacht und so hat der Feind gewonnen.
Gott zeigt uns einen anderen Weg. Wir sollen das Böse mit Gutem besiegen. In Römer 12,14 heißt es: „Segnet die euch verfolgen; segnet und flucht nicht.“
Das heißt, wir sollen über den anderen Gutes reden, ihm Segen wünschen und freundlich bleiben.
Mit Gutem überwinden heißt aber auch, für den mir feindlich eingestellten Menschen zu beten. Ich trete für ihn vor dem Thron Gottes ein. Gott soll ihn segnen und verändern. Jesus hat während er gekreuzigt wurde, für seine Feinde gebetet: „Vater, vergib ihnen; sie wissen nicht, was sie tun!“ Fürbitte kann unser Herz vor Verbitterung bewahren und den anderen verändern.
Und wir können das Böse überwinden, indem wir Gutes tun.
In Vers 20 heißt es: „Vielmehr, wenn deinen Feind hungert, gib ihm zu essen; dürstet ihn, gib ihm zu trinken. Wenn du das tust, so wirst du feurige Kohlen auf sein Haupt sammeln.“
Hier sind Phantasie und Kreativität gefragt. Mal einen Kuchen backen, oder einen Blumenstrauß kaufen, oder vielleicht vom Bürgersteig des Nachbarn ein Stück mitkehren.
Die Tat wird uns freimachen und helfen zu siegen. Und um das Böse, das mir zugefügt wurde, muss ich mich gar nicht mehr so sehr kümmern.

Ich muss mich nicht selbst rächen, zumal es heißt: „Die Rache ist mein; ich will vergelten, spricht der Herr." (Vers 19b)
Und auch das hat es schon gegeben; aus Feinden sind „dicke" Freunde geworden.

## 97 Mittelpunkt

*Denn ich hielt es für richtig, unter euch nichts zu wissen als allein Jesus Christus, den Gekreuzigten. 1. Korinther 2,2*

Die beiden Fußballmannschaften sind auf dem Spielfeld. Der Ball liegt für den Anstoß auf der Mittellinie. Doch bevor der Schiedsrichter anpfeift, rennt ein Mann von der Zuschauertribüne aufs Spielfeld, schnappt sich den Ball und verschwindet wieder. Dann kommt der Anpfiff. Die Spieler laufen hin und her. Das Ganze sieht ziemlich sinnlos aus und keiner weiß, was eigentlich gespielt wird. Die Zuschauer verlassen nach und nach das Stadion. So ist das, wenn das Eigentliche fehlt. Ein Fußballspiel ohne Ball ist eben ein ziemlicher Unfug, es fehlt halt das Herzstück.
Genauso ist ein Christentum ohne Kreuz. Es - besser gesagt, der Gekreuzigte - ist das Herzstück des christlichen Glaubens. Ohne, wäre der Glaube sinnlos, ohne tragenden Inhalt und letztlich austauschbar mit jeder anderen Religion oder Ideologie. Es geht ums Kreuz. Die Bibel sagt dazu: So sehr hat Gott die Welt geliebt, dass er seinen einzigen Sohn dahingab.
*So* und nicht anders hat Gott die Welt, uns Menschen geliebt. Jesus starb aus Liebe zu uns am Kreuz. Eigentlich müssten wir Menschen dort hängen. Doch er übernahm die Strafe, die wir für unsere Sünden und Gottlosigkeit verdient haben.
Er ist - wie an anderer Stelle in der Bibel steht, für uns zur Sünde gemacht worden, dort am Kreuz.
Wenn ich auf das Kreuz schaue, sehe ich meine Schuld, meinen Neid, meinen Hass, meine schlechten Gedanken, meine Betrügereien, meine .... Und ich sehe, wie schlimm das ist, und dass Gottes Sohn dafür sterben musste. Jesus starb stellvertretend für uns. Keiner muss mehr selbst für seine Verfehlungen büßen.
Buße heißt nun, zu dem umkehren, der für mich gebüßt hat.
Das Kreuz teilt die Menschheit. Nicht in Gut und Böse, religiös und weniger religiös. Sondern in gerettet und verloren, in gläubig und ungläubig. Das wurde schon damals auf Golgatha deutlich. Es standen ja drei Kreuze auf dem Hügel. Jesus in der Mitte und auf jeder Seite ein Verbrecher. Der eine lästerte Jesus und lehnte ihn ab. Der andere stand zu seiner Schuld und rief den Namen Jesus an: „Jesus denke an mich,

wenn Du in dein Reich kommst“. Diesem sagte Jesus: „Heute noch wirst Du mit mir im Paradies sein“. Der erste Mensch im Himmel bei Jesus war ein Mörder. Er konnte nichts wiedergutmachen, sich nicht taufen lassen, kein Abendmahl nehmen und kam dennoch in den Himmel. Das ist Gnade. In der Bibel heißt es: „Wer den Namen des Herrn anruft, der soll gerettet werden“

## 98 Sieg

*Der Tod ist verschlungen vom Sieg. Tod, wo ist dein Sieg? Tod, wo ist dein Stachel? 1. Korinther 15,54b+55*

Verzweifelt und vor Angst gelähmt, sitzen die Männer auf dem kalten Boden. In der Grube. Es ist dunkel. Das Atmen wird schwerer. Der Sauerstoff weniger. Der Ausgang ist verschüttet. Die Kumpels sind eingeschlossen. Ob jemand ihr Schreien hört? Nach langer Zeit dringen von außen Geräusche in das dunkle Loch. Sie werden immer lauter. Einer der Arbeiter kriecht in Richtung der Klänge. Und dann plötzlich ein Lichtstrahl. Der Spalt wird größer und frische Luft strömt herein. Der Erste schlüpft ins Freie. Von der dunklen Grube ins helle Licht. Einer ist durch! Die anderen in der Grube sehen das. Sie atmen auf und tief durch. Jetzt packt sie die Hoffnung. Sie machen sich auf den Weg zu diesem Licht, bis auch sie durch sind. Gerettet! Das Leben kann weitergehen. Diese Geschichte ist ein Bild für die Situation der Menschen. Die Grube ist der Tod. Er nimmt mir den Atem und lässt mich ersticken. Der Tod ist kein lieblicher Freund, wie ihn manche sehen wollen, sondern erbarmungslos. Er ist der letzte und größte Feind des Menschen. Er hat noch niemanden vergessen. Schon früh schickt er Grüße. Seine Vorboten – Leid und Krankheit – lassen uns erahnen, wie schrecklich er ist. Ja, das Leben ist gefährlich und endet immer tödlich. Muss nun der Tod am Ende unseres Lebens für immer triumphieren? Darf er ständig alle Hoffnungen zerstören? Hatte der Philosoph Ludwig Feuerbach recht, als er sagte: „Der Tod erbt alles!“? Was ist dann der Sinn des Lebens? Sind wir nur geboren, um eine Beute des Todes zu werden? Haben wir gegessen und getrunken, um zuletzt unter der Erde die Würmer zu füttern? Kann keiner diesen Feind entmachten, uns Hoffnung geben und aufatmen lassen? Ich frage den Fortschritt: „Du hat es geschafft, dass wir auf den Mond fliegen können. Kannst du uns helfen?“ Ich frage die Philosophen: „Ihr habt die Bibliotheken dieser Welt mit euren Bücher gefüllt. Findet ihr einen Ausweg?“ Ich frage die Mediziner... Ich frage... Spätestens jetzt merke ich, dass der Tod mehr ist, als das Ende biologischen Lebens. Gott sagt in der Bibel, dass der Tod der Lohn für unsere Sünden ist. Gottes Strafe über unsere

Gottlosigkeit. Dass ich mein Leben selbst in die Hand genommen hab und Gott fein Gott sein lasse. Deshalb also letztlich dieses unheimliche Grauen vor dem Tod. Aber zum Glück ist das nicht „Das Ende vom Lied“. Gott sei Dank! Da ist doch noch ein Spalt, das Licht und einer, der durch ist. Da ist Jesus, Gottes Sohn. Er hat meine Strafe, meinen Tod erlitten. Damals, als er am Kreuz starb und rief: „Mein Gott, mein Gott, warum hast du mich verlassen?“ und „Es ist vollbracht!“ Aber damit endet die Akte Jesus nicht. Gott hat ihn nach drei Tagen zum Leben auferweckt. Ganz echt und leibhaftig! Er ist durch und ruft in die Grube zu uns: „Ich lebe und ihr sollt auch leben!“ Wer das hört, wer das glaubt und annimmt, bekommt Hoffnung. Für den ist diese Welt nicht mehr ein Friedhof begrabener Hoffnungen, wie Theodor Fontane sagte. Für den gilt, dass er noch einmal geboren ist, zu einer lebendigen Hoffnung und diese ist der Sauerstoff des Lebens.

## 99 Ausbildung

*Gelobt sei Gott, der Vater unseres Herrn Jesus Christus, der Vater der Barmherzigkeit und Gott allen Trostes, der uns tröstet in aller unserer Trübsal, damit wir auch trösten können, die in allerlei Trübsal sind, mit dem Trost, mit dem wir selber getröstet werden von Gott.*
*2. Korinther 1,3.4*

Mathe lernen wir in der Schule, Englisch und Rechtschreibung auch. Medizin studieren wir an der Uni und Maurer erlernen wir im Betrieb und auf der Berufsschule. Aber jemanden trösten und in der Not beistehen, können wir weder auf der Schulbank, noch durch Bücher erlernen. Dafür gibt es eine „höhere Schule“, die des Leidens! Wer nicht selbst Schweres durchgemacht hat, versteht andere nicht, wenn sie leiden oder trauern. Wer selbst nicht getröstet wurde, kann andere nicht ermutigen und trösten. Billiger ist dieser kostbare Dienst nicht zu leisten. Vielleicht gibt es deshalb so wenige gute Tröster und so viele falsche Vertröster.
Bemerkenswert ist, was Konrad Adenauer, der erste Bundeskanzler der BRD dazu sagte:
„Verständnis für die Schwachheit anderer erwächst nicht aus der eigenen Stärke, und wie man andere Menschen tröstet, wissen wir erst, wenn wir nicht nur getrost, sondern auch selbst getröstet sind. - Warum also sehnen wir uns ausschließlich nach einem leichten und unbeschwerten Leben, wenn das, was uns so wertvoll macht, in einem verletzlichen und tiefgründigen, in einem lebendig gelebten Leben liegt? Für die Entwicklung des Menschen sind bittere Stunden unerlässlich.“
Paulus berichtet, wie er göttlichen Trost erfahren hat. Deshalb weiß er sich befähigt und beauftragt, verzagten Menschen weiterzugeben, was

er in schweren Zeiten empfangen hat. Er kann aus Überzeugung sagen, dass Gott barmherzig ist und rechtzeitig eingreift, um zu helfen. In den dunklen Stunden meines Lebens will Gott mir neu begegnen, mich trösten und segnen.
Diese Zeiten sind die beste Bildung für einen hilfreichen Dienst an Menschen in Not und Trauer. Wir werden dann nicht vom sogenannten „grünen Tisch“ reden oder von oben herab, sondern als Betroffene, die göttliche Hilfe erfahren haben. So entzünden wir im Dunkeln ein kleines Licht, ein Licht der Hoffnung, welches immer heller wird.

## 100 Lastenträger

*Einer trage des anderen Last, so werdet ihr das Gesetz Christi erfüllen. Galater 6,2*

4500 Kilometer und 88 Stunden. Ohne Pause!
Er ist diese Strecke noch nie geflogen.
Der Goldregenpfeifer. Von Alaska bis nach Hawaii – über das weite Meer.
Woher kennt dieser Vogel den Weg? Hat er eine Art Navigationsgerät oder einen Autopiloten im Kopf? Und wie ist das mit dem Treibstoff? Hier wissen die Experten Bescheid. In den Monaten vor dem Abflug, frisst sich der Goldregenpfeifer dick und fett.
Er nimmt 70 Gramm zu. Im Vergleich zu uns, wäre das eine Gewichtszunahme von 80 kg Körpergewicht auf 125 kg. Aus diesem Vorrat holt er die Energie zum Fliegen. 250.000 Flügelschläge sind für den Überflug nötig. Mach mal 250.000 Liegestützen, dann weißt du, was das bedeutet. Während des Fluges hält er konstant die Geschwindigkeit von 51 km/h. Optimal, sagen die Fachleute. Weniger würde zu viel Antriebskraft brauchen und mehr, zu viel Windreibung erzeugen.
Und trotz dieser Perfektion reicht sein Treibstoff nur bis 800 Kilometer vor Hawaii. Dort müsste er ins Wasser fallen. Tragisch, denn schwimmen kann der Goldregenpfeifer nicht. Warum kommt er dennoch sicher auf Hawaii an? Er fliegt nicht allein, sondern mit anderen zusammen in Flugscharformation. Abwechselnd immer ein anderer vorne im Wind und der Rest im Schatten. Durch diese Energiesparmaßnahme kommen sie ans Ziel.
Gemeinsam sind sie stark. Aber nicht nur die Goldregenpfeifer, sondern wir Menschen ebenso. Wir brauchen einander! Wer kann mir helfen und wem kann ich ein Segen sein, damit er durchhält, weiterkommt?

# 101 Stark

*Ich bete, dass ihr erkennen könnt, wie übermächtig groß seine Kraft ist, mit der er in uns, die wir an ihn glauben, wirkt. Es ist dieselbe gewaltige Kraft, die auch Christus von den Toten auferweckt und ihm den Ehrenplatz an Gottes rechter Seite im Himmel gegeben hat. Epheser 1,19.20*

„Bohr nicht in der Nase.“ „Hör endlich auf.“ „Wie oft soll ich dir noch sagen...“

Kleine Kinder - kleine Sorgen. Große Kinder... Und die Erwachsenen? So manche Unarten schleichen sich über die Jahre ins Leben. Zuerst ganz harmlos. Später haben sie sich eingenistet und verbarrikadiert. Und es bleibt ja nicht beim Bohren in der Nase.

Wieviel geht kaputt, weil schlechte Gewohnheiten und schuldhaftes Verhalten sich festgeschraubt haben. Man selbst kommt mit sich nicht zurecht und anderen geht's genauso. Beziehungen gehen in die Brüche, weil sich jemand nicht ändern kann und sich mit den Jahren eher alles verhärtet. Viele leiden darunter und möchten, dass alles anders wird, schaffen es aber nicht. Die einen suchen Hilfe beim Mann im weißen Kittel. „Die Wissenschaft, der Fortschritt kann uns befreien“, hoffen sie. Die anderen suchen Hilfe bei der roten Fahne. „Die äußeren Umstände müssen verändert werden, dann werden wir bessere Menschen“. Manche greifen zur Spritze und zu Tabletten. Sie suchen die Lösung im Vergessen, im Rausch, in der Flucht. Die nächsten schwören auf die neue Pädagogik. Sie wollen alles besser machen als ihre Eltern. Und wieder andere suchen das Heil irgendwo zwischen Knäckebrot und Selterswasser oder im Buddha Sitz und fernöstlichen Heilungskuren.

Wer bekommt den Schaden in mir wieder hin? Was kann mich positiv verändern? Das geht nicht einfach so, sondern wir brauchen eine maximale Kraft. Der Schaden ist so stark, dass wir die gewaltige Kraft benötigen, mit der Gott seinen Sohn aus dem Tode auferweckt hat. Die Auferstehungskraft, die stärker ist als Atomkraft.

Es ist dieselbe Kraft, mit der Gott auch das Universum erschaffen hat. Trotz aller gebotenen eigenen Anstrengungen ist genau diese Kraft nötig, um mein Leben zu erneuern. Es ist die Kraft des Heiligen Geistes und den hat Gott allen gegeben, die an Jesus Christus glauben. Erschrocken erkenne ich die Tiefe meines Schadens und voller Hoffnung bitte ich Gott um das Wirken seines Heiligen Geistes in mir.

*So,* und nur so kann sich mein Leben bleibend positiv entwickeln.

## 102 Traurig

*Und betrübt nicht den Heiligen Geist Gottes, mit dem ihr versiegelt seid für den Tag der Erlösung.    Epheser 4,30*

Christen, die den Heiligen Geist betrüben, werden trübe Christen. Wer den Heiligen Geist traurig macht, wird selber traurig werden. Wer ihn ärgert, geht verärgert durch die Welt. Wer ihn kränkt und beleidigt, wird selbst eine „beleidigte Leberwurst“. Im Betrüben des Heiligen Geistes liegt die Ursache für ein kraftloses und freudloses Christenleben. Jemand stellte fest: Alles Abgleiten in die Gottesferne beginnt damit, dass wir den Heiligen Geist betrüben und die erste Liebe verlassen!
Traurigmachen und betrüben können wir nur jemanden, der uns liebt, dem wir am Herzen liegen und der gute Absichten mit uns hat.
Das trifft auf den Heiligen Geist zu. Er ist eine Person der Dreieinigkeit Gottes und in Römer 15,30 ist von der Liebe des Geistes die Rede. Aber womit betrüben wir den Heiligen Geist? Etwa indem wir sündigen? Müsste der Geist dann nicht täglich betrübt sein, denn wo ist einer, der nicht jeden Tag neu schuldig wird? Wenn wir gesündigt haben, fängt die Arbeit des Heiligen Geistes erst so richtig an. Er weist uns auf unsere Fehler hin, ermahnt uns, umzukehren und bei Jesus Vergebung zu finden. Traurig wird der Geist, wenn ich sein Reden und Ermahnen ignoriere und gerade so weitermache wie bisher. Irgendwann wird die Stimme des Geistes leiser und schließlich zieht er sich traurig zurück. Deshalb ermahnt Paulus die Christen: „Betrübt nicht den Heiligen Geist!“ Im vorangehenden Bibelvers ist von „faulem Geschwätz“ die Rede.
Durch negatives, niedermachendes Reden wird Gottes Geist betrübt. Was wir verbal von uns geben, soll Segen sein, den anderen aufbauen und helfen. Wenn wir aber durch unsere Worte kaputt machen, Hoffnungen und Freude zerstören, kränken wir den Geist Gottes und laufen gegen seine guten Absichten an. Wir spüren dabei schnell, dass etwas schiefläuft und täten gut daran, mit unserm Versagen im Gebet zu Gott zu gehen und durch seinen Geist neu erfrischt zu werden.

## 103 Erfüllung

*Betrinkt euch nicht mit Wein; sonst ruiniert ihr damit euer Leben. Lasst euch stattdessen vom Heiligen Geist erfüllen.    Epheser 5,18*

Wein erfreut des Menschen Herz. So lesen wir in Psalm 104. Wein ist eine gute Gabe Gottes. Er kann sogar Schmerzen lindern, wie Paulus an

seinen Mitarbeiter Timotheus schreibt: „Trinke nicht mehr nur Wasser, sondern nimm ein wenig Wein dazu um des Magens willen, und weil du oft krank bist.“ (1. Timotheus 5,23)
Aber was zu viel ist, ist zu viel. Wer Alkohol trinkt, um dadurch seine Probleme zu vergessen oder zu ertränken, irrt. Er ruiniert höchstens sein Leben, wobei die Probleme jedes Mal vergrößert auferstehen. Wer Alkohol trinkt, um die innere Leere auszufüllen, erntet einen chaotischen Lebensstil. Nicht Alkohol soll das Leben der Christen ausfüllen und bestimmen, sondern Gottes Geist. Und das ist ganz was Anderes. Wir werden dazu aufgefordert: „Lasst euch stattdessen vom Geist Gottes erfüllen.“ So, wie ein wohlduftendes Parfüm den ganzen Raum erfüllt, will Gottes Geist unser Herz, unseren Willen, unsere Gedanken, Wünsche und Pläne ausfüllen.
Wenn wir unser Leben mit einem Haus vergleichen, möchte Gottes Geist nicht im Eingangsbereich oder auf dem Flur stehen bleiben. Wir sollten ihn auch nicht in die Putzkammer sperren. Dann könnten wir zwar sagen: „Ich habe den Heiligen Geist“, aber ob er auch mich hat, ist eine andere Frage. Der Geist möchte in jedes Zimmer meines Lebenshauses. Er steht vor der Tür und bittet: Gib mir den Schlüssel für diesen Raum. Den für das Wohnzimmer, zum Schlafzimmer, aber auch den zum Hobby- und Computerraum. Gott möchte alle Räume und Winkel meines Lebens einnehmen.
„Lasst Euch erfüllen vom Geist Gottes!“ Wie kann das geschehen? Gibt es gewisse Techniken, Seminare oder Gurus, die das bei mir bewirken können? Nein! Wir sind aufgefordert, Gott ehrlich darum zu bitten und uns ihm ganz zur Verfügung zu stellen. Er macht das.
Wir werden allerdings, wie im folgenden Bibelvers zu lesen ist, ermutigt Gott zu loben und zu danken. Dann heißt es gut übersetzt: Lasst euch erfüllen vom Geist Gottes, indem ihr Gott lobt und dankt. Auch dadurch bekommt Gottes Geist Raum in unserem Leben.
Zwar wird uns der Heilige Geist dann nicht berauschen wie der Alkohol, aber erfüllen und befähigen, Jesus zu lieben und ihm zu dienen.

## 104 Freude

*Freuet euch in dem Herrn alle Wege, und abermals sage ich: Freuet euch! Philipper 4,4*

Paulus schreibt aus dem Gefängnis. Aus einem Gefängnis in der Antike. Ohne großen Komfort, vielleicht sogar nass und kalt und als Zugabe ein paar Ratten. Als ihm alles genommen wurde, entdeckte er, was ihm keiner nehmen konnte: Die Freude. In keinem Brief schreibt er so häufig darüber, wie in diesem an die Philipper. Also Paulus weiß, wovon er

spricht, wenn er den Lesern sozusagen befiehlt, sich zu freuen und zwar allezeit, oder in allen Lebenslagen. Es gibt eine Freude, die unabhängig ist von den äußeren Umständen. Sicher, eine Freude, die nicht automatisch jedem in den Schoss fällt. Wenn Paulus hier einen Imperativ verwendet, weiß er, dass wir einen Anstoß oder Schubser brauchen, damit wir aus dem traurigen Fahrwasser rauskommen. Und sich freuen muss man auch wollen! Also: Ich will mich freuen! Natürlich ist der Gegenstand der Freude nicht unbedeutend. *In* dem Herrn, schreibt Paulus, wohlgemerkt, nicht *über* den Herrn. Wie ist das zu verstehen? Hier eine kleine Hilfe: Stell dir vor, nach einer langen Schneewanderung im Winter, kommst du erschöpft und kalt in der Dunkelheit bei einer Winterhütte in den Bergen an. Es brennt Licht und du schaust durchs Fenster in den Wohnraum. Du siehst das Feuer lodern im Holzkamin, auf dem Tisch dampft der Eintopf und die Bewohner unterhalten sich fröhlich. Du schaust weiter durchs Fenster, es wird dir warm ums Herz und du denkst darüber nach, wie wohltuend es doch in der Hütte wäre. Wie anders ist es aber, wenn du *in* die Hütte gehst, dich am Feuer wärmst und den warmen Eintopf genießt. Wenn du dich nicht *über* den Wohnraum freust, sondern dich *im* Wohnraum freust. Freuet euch im Herrn. Da habe ich es ganz eng und persönlich mit Jesus zu tun. Das geht nur, wenn ich mich ganz auf ihn einlasse und genieße, was er für mich getan hat und er mir gibt. Und noch ein Hinweis: Das griechische Wort für Freude ist eng verwandt mit dem griechischen für Gnade. Daraus lerne ich, je mehr ich von Gottes Gnade, dem Geschenkten lebe, desto fröhlicher wird mein Herz! Durch Gottes Gnade löst sich die Verkrampfung, durch seine unverdiente Nähe weicht die Angst. So wird Freude zum Markenzeichen erlöster und begnadigter Kinder Gottes. Immer dann, wenn nicht das Gesetz dominiert, sondern das Evangelium, die frohe und frohmachende Nachricht von Jesus.
Freu dich!

## 105 Nachdenken

*Denkt über das nach, was rein und liebenswert und bewunderungswürdig ist, über Dinge, die Auszeichnung und Lob verdienen. Philipper 4,8b*

„Die Gedanken sind frei", heißt es in einem Slogan. Was wir denken, kann keiner vorschreiben oder kontrollieren. Zum Glück! Und zum Glück ist unser Kopf dicht. Kein Mensch kann da reinschauen. Und trotzdem ist es nicht egal, was wir denken und in unserm Gehirn so abgeht. In Sprüche 4,23 wird uns eindringlich geraten: „Achte auf deine Gedanken und Gefühle, denn sie beeinflussen unser ganzes Leben." Und Samuel Smiles stellt fest:

„Wer einen Gedanken sät, wird eine Tat ernten;
wer eine Tat sät, wird eine Gewohnheit ernten;
wer eine Gewohnheit sät, wird Charakter ernten;
wer Charakter sät, wird ein Schicksal ernten."

Am Anfang steht ein Gedanke, wie ein Samenkorn. Die Saat geht auf. Gut oder schlecht? Die Frucht wird es zeigen. Zwischen dem was wir sagen, bzw. tun und dem was wir denken, besteht ein enger Zusammenhang! Und wenn wir unser äußeres Verhalten ändern möchten, sollten wir innen, bei unseren Gedanken anfangen. Gar nicht so einfach! Stimmt's? Kann man schlechte, negative Gedanken einfach loswerden? Ist es nicht, wie mit Sahne? Je mehr wir schlagen, desto fester wird sie.

Schlechte, negative Gedanken zu bekämpfen ist ein aussichtsloses Unternehmen. Eine erfolgreichere Methode ist es, über Gutes nachdenken. So viel und so lange, bis für schlechte Gedanken kein Platz mehr ist, oder wir sie einfach vergessen. Wie wäre es mit der Devise: Statt problemorientiert, lösungsorientiert denken und handeln. Es kommen entsprechend unterschiedliche Menschen dabei heraus. So unterschiedlich, wie Licht und Schatten. Unser Vers nennt fünf Eigenschaften, über die wir nachdenken sollen: was rein, liebenswert und bewunderungswürdig ist und was Auszeichnung oder Lob verdient. Worauf wir diese fünf Kriterien beziehen, bleibt jedem selbst überlassen. Ein Vorschlag wäre, sie auf Jesus Christus zu beziehen. Auf ihn treffen sie alle fünf zu. Ich bin gespannt, was bei dieser Denkerei rauskommt.

## 106 Feuerwehr

*Den Geist löscht nicht aus. 1. Thessalonicher 5,19*

Die Feuerwehr hat schon viele Brände gelöscht und Menschen gerettet. Gott sei Dank gibt es sie! Aber es gibt eine Art „christliche Feuerwehr", die nicht Leben rettet, sondern verhindert. Das muss ich erklären. Jesus sagt in Lukas 12,49, dass er gekommen sei, um ein Feuer auf Erden anzuzünden. Beim 1. Pfingstfest in Jerusalem kommt der Heilige Geist in Verbindung mit Feuerzungen. Und unser Bibelvers fordert uns auf, den Geist Gottes nicht auszulöschen, wie man ein Feuer löscht.

Gottes Geist will Veränderung, geistlichen Aufbruch und Erweckung wirken. Viele können das nicht einordnen, es passt ihnen nicht und so stellen sie sich ihm entgegen und verhindern neues Leben. Deshalb „christliche Feuerwehr". Was mit der eigenen Tradition nicht übereinstimmt, erscheint gefährlich. Was den eigenen

Erfahrungshorizont sprengt, muss doch Verführung sein. Leider denken viele Christen so. Oft meinen sie es dabei nur gut. Doch wie wir wissen, werden die meisten Fehler mit besten Absichten begangen.
Unzählbar viele Ansätze zur Erweckung und Erneuerung wurden und werden dadurch gleich im Keim erstickt. Man sagt: „Das haben wir noch nie so gemacht, wo kommen wir denn da hin.“ Und fertig ist die Angelegenheit. Man wünscht sich zwar Veränderung, aber nach dem Motto: „Es muss etwas geschehen! – aber es darf natürlich nichts passieren!“ oder „Wasch mich, aber mach mich nicht nass!“
*So* wird es allerdings keinen Aufbruch geben und der letzte Satz dieser sterbenden Gemeinde wird lauten: „So haben wir das schon immer gemacht.“
Spricht jemand z.B. von Geistesgaben, tauchen gleich erhobene Zeigefinger auf. Gefährlich! Statt Gottes Geschenk für seine Gemeinde, sieht man in ihnen ein Problem auf sich zukommen. Dabei heißt es im Bibelvers, der unserem Wort folgt: „Prophetische Rede verachtet nicht.“ Wenn Gottes Geist ein Feuer entzündet, Erneuerung und Erweckung schenkt, können wir das nicht völlig kontrollieren. Wir müssen vertrauen und Gott machen lassen. Sein Geist weht, wo er will. Wir können es ihm nicht vorschreiben und sollten ihm auch nicht im Wege stehen.
Im Loggbuch eines Schiffes stand folgender Satz: „Entscheidend ist nicht, woher der Wind weht, sondern wie wir die Segel setzen.“ Gott möchte, dass wir bei ihm mitmachen! Wir brauchen keine „christliche Feuerwehr“, sondern Brandstifter der Liebe Gottes!

## 107 Schön

*Nicht der äußerliche Schmuck – wie kunstvolle Frisuren, goldene Ketten oder aufwendige Kleidung – soll euch Frauen auszeichnen. Eure Schönheit soll von innen kommen! Ein freundliches und ausgeglichenes Wesen ist euer unvergänglicher Schmuck. Das ist es, was Gott als wirklich kostbar ansieht. 1. Petrus 3,3-4*

Wir machen eine schöne Frau. Man nehme eine kleine Nase und ein ausgeprägtes Kinn.
Zur hohen Symmetrie des Gesichts komme eine reine Haut, ein regelmäßiges Gebiss und volles Haar. Zur Verfeinerung geben wir einen schlanken Hals, große Augen, volle Lippen, hohe Wangenknochen und eine geringe Distanz zwischen Nase und Kinn dazu. Das alles wird gewürzt mit einem ausgeprägten Gesäß, langen Beinen und einem elastischen Gang. Zuletzt runden wir das ganze durch einen Taillen-Hüftumfang Verhältnis von 0,7:1 ab.

Auch den attraktiven Mann kriegen wir hin. Einmal breite Schultern, dann schlanke Hüften und ein paar lange Beine.
Wer schön ist, ist gut dran, denn „Schönheit ist ein offener Empfehlungsbrief, der die Herzen im Voraus für uns gewinnt" (A.Schopenhauer). Kein Wunder machen viele vieles, um dem vorherrschenden Schönheitsideal nachzueifern. Und wo man dem nicht entspricht, da muss man eben korrigieren, tuschieren und wenn nötig auch operieren. Aber wie heißt es doch: Wer schön sein will, muss leiden - und zahlen! Fitnessstudio, Bräunung, Kuren und vieles mehr.
Leicht geraten wir unter die Diktatur schön sein zu müssen, den Normen und Idealen der Zeit zu entsprechen. Auch wenn man sechzig ist, muss man wie vierzig aussehen. Die gemachten Models in den Illustrierten werden wie Götter präsentiert. Die Akteure aus Film und Fernsehen, die immer über den Bevölkerungsdurchschnitt aussehen, produzieren tagein und tagaus jede Menge Komplexe im Volk. Wer sich in diesen Sog ziehen lässt, kann nicht froh werden. Er droht im Einheitsbrei zur langweiligen Kopie zu werden. Das Ziel wird nie erreicht. Sehen deshalb schließlich so viele ernst, unnahbar und kalt aus?
Frage: Kommt es nur auf die äußere Schale an? Hauptsache gut verpackt? Es gibt doch innere Werte, die viel wichtiger sind und nicht runzelig werden. Wir haben alle schon Menschen getroffen, deren Haut ganz faltig geworden war. Aber trotzdem waren sie irgendwie schön und anziehend. Ihre Schönheit geht unter die Haut und verblasst nicht. Äußere Schönheitspflege ist die eine Seite. Noch wichtiger ist die Pflege des „Infits".
Ein reines Herz ist besser, als eine reine Haut.
Allerdings können wir die „Hässlichkeiten" in uns drin nicht selber verändern. Da hilft nur die Radikalkur Vergebung. Die gibt es für die ganz Schönen und für die weniger Schönen nur beim „Facharzt" Jesus. Und dort nur gratis! Vergebung ist mehr als eine Verjüngungskur, - sie macht Kaputtes wieder heil. Wer durch Vergebung wieder „ansehnlich" wurde, dem empfehle ich die Lebenslangzeittherapie Dank! Dankbarkeit macht unser Leben hell und anziehend. Mal ehrlich: Bist du schön

## 108 Dienen

*Wie jeder eine Gnadengabe empfangen hat, so dient damit einander als gute Verwalter der verschiedenartigen Gnade Gottes! Wenn jemand redet, so rede er es als Aussprüche Gottes; wenn jemand dient, so sei es als aus der Kraft, die Gott darreicht, damit in allem Gott verherrlicht werde durch Jesus Christus, dem die Herrlichkeit ist und die Macht von Ewigkeit zu Ewigkeit! Amen. 1. Petrus 4,10-11*

Eine Querflöte im Glasschrank ist vielleicht schön anzusehen, aber doch recht nutzlos. Zum Glück kommt der Meister, nimmt sie in seine Künstlerhände, setzt die Flöte an die Lippen, bläst hinein und hindurch und bringt sie zum Klingen. Wunderschöne Töne, eine herrliche Melodie erfüllt den Raum.
Ähnlich ist es bei uns Menschen. Erst wenn der Schöpfer uns in seine Hände nimmt und seinen Geist in uns bläst, erlangen wir unsere Bestimmung und den Sinn unseres Lebens.
Er bringt unser Leben zum Klingen und macht es zu einer einladenden Musik für andere. Aber Gott hat nicht nur „Querflöten“, sondern viele verschiedene Instrumente in seinem Orchester. Trompete, Geige, Trommel, Klavier, Gitarre, Harfe, Pauke, Saxophon und viele mehr. Gemeinsam ergeben sie ein herrliches Konzert.
Welches „Instrument“ bin ich? Und hat Jesus mich schon in seine begnadeten Hände genommen und mich erfüllt? Wie viele Instrumente liegen oder stehen irgendwo herum, kommen nicht zum Klingen und fehlen im Orchester.
Gott hat in seine Gemeinde eine Vielfalt an Gaben und Begabungen investiert. Wo diese Vielfalt entdeckt wird, zusammenkommt und sich ergänzt, bringt sie die frohe Nachricht von Jesus zum „Klingen“. Menschen werden aufhorchen und sich auf den Weg machen. Gemeinde wirkt so als Licht und Salz der Erde anziehend und erneuernd. Schade, wenn jemand sich versteckt oder seine Gaben für sich behält. Der eine ist stärker praktisch begabt, ein anderer mehr lehrmäßig, eine hat großes Erbarmen mit der Not eines Menschen, jemand kann eine Situation gut durchschauen und das treffende Wort sagen, die Nächste kann gut ermahnen und trösten, oder wieder jemand versteht es gut mit Kindern umzugehen, die andere besser mit Senioren, usw.
Welche Gaben hat Gott mir gegeben, durch seinen Geist geschenkt? Und welche Aufgaben kann ich wahrnehmen?
Wenn Begabungen und Aufgaben zusammenkommen, macht der Dienst Freude, geht leichter von der Hand und es kommt mehr dabei heraus. So ehren wir Gott!

## 109 Demut

*Alle aber miteinander haltet fest an der Demut; denn Gott widersteht den Hochmütigen, aber den Demütigen gibt er Gnade. 1. Petrus 5,5b*

Demut ist der Schlüssel zu den Segnungen Gottes! Wer ein demütiges Herz, eine demütige Gesinnung hat, lässt sich helfen und beschenken. Den Demütigen ist Gott nahe, bei ihnen mag er wohnen.

Über Demut wurde viel gespottet. „Demut, Wehmut, runter in die Knie; und noch einmal: Demut, Wehmut, runter in die Knie!“, so haben die Redner des Hauses Ludendorff dieses köstliche Wort deutscher Sprache zu zerreden versucht. So hat das Wort Demut eine lange Leidensgeschichte hinter sich. Jenen Hassgesang gegen die Demut nahmen die Nationalsozialisten auf und hatten leider auch weithin Erfolg, vor allem bei der Jugend. Demut sei etwas Schwächliches, wir aber sollten starke Helden, heroisch werden, sollten fähig werden für Krieg und Mord. Demut, so wurde gelehrt, sei eine Tugend der Knechte, und deshalb wurde der deutschen Jugend das Gegenteil beigebracht: Hochmut. Aber Hochmut kommt vor dem Fall, wie es schon in den Sprüchen Salomos heißt und wie es die Geschichte bewiesen hat.

Was demütig sein bedeutet, sehen wir am deutlichsten bei Jesus, der von sich sagte, er sei sanftmütig und von Herzen demütig. Jesus erniedrigte sich, indem er die himmlische Herrlichkeit verließ, Mensch wurde, ja sogar Knecht. Jesus ordnete sich ganz seinem göttlichen Vater unter und sagte und tat nur, was dieser wollte. Jesus wusch seinen Jüngern die Füße und wenig später nahm er die Last aller Menschen auf sich und starb damit am Kreuz. Demut bedeutet Mut zum Dienen. Nicht gezwungenermaßen, sondern aus einer großen Freiheit und inneren Liebe heraus.

Der Hochmütige will sein wie Gott, herrschen und alles in den Griff bekommen. Er kann sich nicht beugen und sich nicht eingestehen, dass er es selber nicht schafft und Hilfe benötigt. Deshalb geht er bei Gott leer aus. Gott widersteht ihm, weil er Gott widersteht. Sein Scheitern ist vorprogrammiert.

Der Demütige ist von Gott abhängig, er lässt sich raten und helfen und gerade deshalb kann er mutig und dienend für andere da sein. Und wenn in ihm hochmütige Gedanken aufkommen, wird er sie nicht willkommen heißen, sondern im Gebet bei Gott abgeben.

Bin ich demütig oder hochmütig? Eine Nachfrage, die an die Wurzel meiner Persönlichkeit geht. Wie kann ich meine Einstellung erkennen? Vielleicht daran: Der Demütige denkt dankbar, ich bin etwas Besonderes; der Hochmütige allerdings denkt stolz, ich bin besonderer als die anderen.

## 110 Sorgen

*Alle eure Sorge werft auf ihn; denn er sorgt für euch. 1. Petrus 5,7*

Ein chinesisches Sprichwort sagt: „Unser Leben wird nicht mal hundert Jahre, hat aber Sorgen für tausend Jahre." Die meisten Sorgen sind vergeblich! Sie treffen niemals ein und waren nicht berechtigt. Sie haben aber bei uns ihre Spuren hinterlassen und mindern die Lebensqualität. „Sorge macht alt vor der Zeit", heißt es im Buch Jesus Sirach 30,26. Sorgen nehmen dem morgigen Tag nicht die Last, sondern die Kraft!
Aber ich höre schon den Einwand, wie es denn mit der nötigen Vorsorge sei? Stimmt, wir sollen nicht naiv und gedankenlos in die Zukunft gehen. Doch die meisten Sorgen haben mit Vorsorge herzlich wenig zu tun, sondern mit mangelndem Gottvertrauen.
Wie kann ich mit Sorgen umgehen, wie werde ich sie los? Einfach wegwerfen! Nicht weglegen und dann schnell zurückholen. Wegwerfen, außer Reichweite! Werfen muss man wollen und üben! Das geht nicht von heute auf morgen. Zur Wegwerftechnik gehört auch das Loslassen. Damit tun wir uns oft schwer. Wenn wir allerdings bedenken, dass wir nicht irgendwohin werfen sollen, sondern auf Jesus, können wir unsere Sorgen im Vertrauen auf ihn loslassen. So macht Gott unsere Sorgen zur Chefsache! Jesus übernimmt sie und sorgt für uns. Der vorangehende Vers spricht davon, dass wir uns unter Gottes gewaltige Hand demütigen sollen, damit er uns erhöhen kann. Das kann bedeuten, erst mal die eigene Lebenssituation und die damit verbundenen Sorgen anzunehmen. Aber dann ihm auch sagen: „Gott, wenn du mir das zumutest, dann kümmere dich auch um die damit verbundenen Nöte und Sorgen." Nichts lieber wird Gott tun. Er wartet darauf. In einer anderen Übersetzung wird unser Bibelvers so wiedergegeben:
„Alle eure Sorgen werft auf ihn, denn ihr seid ihm am Herzen gelegen." Eine großartige Einladung an alle!

## 111 Duft

*Du hast geliebt die Gerechtigkeit und gehasst die Ungerechtigkeit; darum hat dich, o Gott, dein Gott gesalbt mit <u>Freudenöl</u> wie keinen deinesgleichen. Hebräer 1,9*

Eine Legende berichtet, wie die Königin von Saba die viel gerühmte Weisheit Salomos auf die Probe stellte. Sie brachte ihm zwei Blumensträuße, die völlig gleich aussahen. Einer aber war künstlich. Nun sollte Salomo den echten rausfinden. Salomo ging ans offene Fenster und hielt die Sträuße hinaus. Es dauerte nicht lange, da kam eine Biene

angesummt und setzte sich auf einen der Sträuße. Damit war die Frage beantwortet.
Unser Bibelvers oben besagt, dass Jesus mit Freudenöl gesalbt wurde. Diese, auf das Alte Testament beruhende Veranschaulichung sagt uns, dass Jesus die Freude ist und Freude von ihm ausgeht. Dieser „Ölduft“ zieht an. Man hält sich gerne in seiner Nähe auf! Wie ist das bei mir? Kann man mich gut „riechen“ oder wirke ich abstoßend? Bin ich, wie es in 2. Kor. 2,15 heißt, ein Wohlgeruch Christi? Mit welchen Menschen ist man gerne zusammen? Meine Favoriten sind dankbare und zufriedene Menschen. Es ist nicht ganz einfach, einer zu werden. Immer mehr, immer besser, alles muss perfekt sein und irgendwas gibt es immer zu meckern. So sind wir von der Gesellschaft erzogen und außerdem kommt es unserer Natur entgegen. Wir sehen das halb leere Glas, den kleinen Flecken auf dem Hemd und den Nachbarn, dem es scheinbar besser geht. Wir sind ganz schön verwöhnt und jammern oft auf hohem Niveau. Einfach mal ohne Abstriche, dankbar und zufrieden sein… mit der Familie, Arbeitsstelle, Schule, Gemeinde, Gottes Lebensführung … Das halten viele für verantwortungslos oder einfältig. Wenn irgendetwas nicht „nicht stimmt“ werden manche kribbelig und ihr Weltbild gerät durcheinander. Dabei sind alle, die Jesus gehören, mit Gott versöhnt sind und ihre Sorgen abgeben können, geradezu prädestiniert dankbar und zufrieden zu sein. Außerdem hilft uns der Blick über den Tellerrand: Kriege, Hungersnöte, Epidemien, Naturkatastrophen, … und das alles bei uns nicht!
Ein Arzt berichtet, wie ihm bei seinen Besuchen im Seniorenheim jedes Mal ein bestimmter alter Mann auffiel, der fröhlich in seinem Stuhl saß. Auf die Frage, warum er so froh wirke, gab er sein Rezept preis: „Herr Doktor, ich nehme täglich zweimal Medizin ein. Morgens die Tablette Dankbarkeit und abends die Tropfen Zufriedenheit“.

## 112 Mission

*Ich werde einige von denen, die zu Satan gehören – sie lügen, denn sie geben sich als Juden aus, sind es aber nicht – dazu bringen, zu kommen und sich vor deinen Füßen niederzuwerfen. Sie werden erkennen, dass ich dich geliebt habe. Offenbarung 3,9*

Wer hat ein Herz für Mission und wen beschäftigt die Frage, wie Menschen zum Glauben kommen und Gemeinde wachsen kann? Unser Bibelvers aus dem Brief an die Gemeinde in Philadelphia in Offenbarung 3, macht dazu eine wichtige Aussage. Es geht um Gottes Mission, um die Revolution durch die Liebe Gottes! Plötzlich kommen Menschen, die bisher Jesus und seiner Gemeinde gleichgültig oder feindlich

gegenüberstanden, in die Gemeinde, gehen auf die Knie und erkennen die Gegenwart der Liebe Gottes.
Jesus sagt zur Gemeinde: „Sie erkennen, dass ich dich geliebt habe." Woran? Daran, dass die Liebe von Jesus in der Gemeinde, unter den Christen ihre Fortsetzung findet. Diese Gemeinde heißt Philadelphia und das bedeutet „Bruderliebe". Jesus schickt Menschen in die Gemeinde, weil das „Nest gemacht ist", man sich untereinander lieb hat. Diese Liebe ist die stärkste missionarische Kraft überhaupt. Sie kann durch nichts ersetzt werden. Weder durch Programme, Schulungen, Kongresse oder Predigten und Lehren.
Die Liebe siegt und hinterlässt bleibende Segensspuren. Und das merken andere; das zieht an; das öffnet Herzen und Menschen kommen dazu. Die Liebe entwaffnet das Argument von Friedrich Nietzsche, der sagte: „Die Christen müssten erlöster aussehen, um ihrem Gott glauben zu können."
Es ist und bleibt so, wie es Jesus in Johannes 13,34-35 zum Ausdruck bringt: „Ein neues Gebot gebe ich euch, dass ihr euch untereinander liebt, wie ich euch geliebt habe, damit auch ihr einander lieb habt. Daran wird jedermann erkennen, dass ihr meine Jünger seid, wenn ihr Liebe untereinander habt."
Deshalb sollten wir vor Gott stehen bleiben und seine Liebe zu uns neu erkennen und darüber staunen, was Jesus für uns am Kreuz getan hat. Und dann sind wir persönlich und als Gemeinde herausgefordert, im Echo der Liebe Gottes zu leben, nach dem Motto: „Wie Jesus mir, so ich dir." So erobern wir Herzen und werden erleben, dass Jesus durch uns Bedeutendes bewirken kann.

## 113 Aufmachen

*Siehe, ich stehe an der Tür und klopfe an; wenn jemand meine Stimme hört und die Tür öffnet, zu dem werde ichhineingehen und mit ihm essen und er mit mir. Offenbarung 3,20*

Wer kennt das nicht? Da steht man vor verschlossener Tür und möchte rein. Peinlich wird es dann, wenn man von drinnen Stimmen hört und man klopft und ruft, und keiner öffnet. Diese Erfahrung dürfte Jesus nicht fremd sein. Er macht sich auf den Weg, auf die Suche nach Menschen, die sich von ihm entfernt haben. Der Beleidigte läuft seinen Beleidigern hinterher. So steht er vor der Tür. Vielleicht auch vor deiner Tür - „Haustür" oder „Herzenstür". Jesus möchte nicht draußen bleiben, sondern hereinkommen. Er will uns beschenken, sich mitteilen, Gemeinschaft mit uns haben. Er klopft an! Nicht mit der Brechstange,

sondern mit durchbohrten Händen, Zeichen seiner Liebe. Er spricht und bittet: Öffne mir die Tür.
Viele haben es sich ohne Jesus gut eingerichtet. Sie lassen ihn im „Regen stehen“. Er würde nur stören. Drinnen läuft der Fernseher, Türen werden geschlagen, Kinder schreien, Eltern streiten, eine Tasse zersplittert auf dem Boden. Und Jesus steht draußen und klopft an die Tür. Er weiß, dass du da bist und ihn hörst. Mach doch auf, bitte ihn herein! Er hilft so gern, er vergibt alle Schuld, bringt Frieden und Freude mit sich. Mit ihm kann alles neu und gut werden. Zum ersten Mal oder nach langer Zeit ein erneutes Mal.
Jesus vor der Tür, nur 5cm, eine Türbreite entfernt. Wenn aber einer nicht öffnet, trennt ihn einst eine ganze Ewigkeit von ihm.

# Inhaltsverzeichnis

MIX
Papier aus verantwortungsvollen Quellen
Paper from responsible sources
FSC® C105338

Printed by Books on Demand GmbH, Norderstedt / Germany